Verbraucherrecht in Fällen

Lovis Maxim Wambach

Verbraucherrecht in Fällen

Fälle und Lösungen
aus dem Verbraucherschutzrecht

PETER LANG
Frankfurt am Main · Berlin · Bern · Bruxelles · New York · Oxford · Wien

Bibliografische Information Der Deutschen Bibliothek
Die Deutsche Bibliothek verzeichnet diese Publikation in der
Deutschen Nationalbibliografie; detaillierte bibliografische
Daten sind im Internet über <http://dnb.ddb.de> abrufbar.

ISBN 3-631-52923-6

© Peter Lang GmbH
Europäischer Verlag der Wissenschaften
Frankfurt am Main 2004
Alle Rechte vorbehalten.

Das Werk einschließlich aller seiner Teile ist urheberrechtlich
geschützt. Jede Verwertung außerhalb der engen Grenzen des
Urheberrechtsgesetzes ist ohne Zustimmung des Verlages
unzulässig und strafbar. Das gilt insbesondere für
Vervielfältigungen, Übersetzungen, Mikroverfilmungen und die
Einspeicherung und Verarbeitung in elektronischen Systemen.

www.peterlang.de

„Es gibt kein Recht für alle und keine Gerechtigkeit, weil jeder recht hat, jeder einzelne." *

„Gerechtigkeit? - Gerechtigkeit gibt's im Jenseits, hier auf Erden gibt's das Recht." **

„Ein Künstler hat es gut. Er braucht nur eine alte Tür mit Farbe zu beschmieren und zu sagen: Das ist Kunst. Käme dagegen ein Richter mit so einer Tür und sagte, das ist Gerechtigkeit, würde man ihn verhöhnen [...]." ***

„Ein Richter erlebt viel. [...] Die Menschenkenntnis des Juristen ist zwangsläufig negativ, denn er sieht ja nur Leute, die in verzweifelten und ausweglosen Situationen sind, denen man etwas wegnehmen oder etwas, was ihrer Meinung nach Ihnen gehört, nicht geben will, die man einsperrt oder denen man sonst etwas antut. Da entlarven die Seelen schamlos ihre Abgründe. Was ein Hautarzt dagegen an Unappetitlichkeiten sieht, ist nicht der Rede wert. Im Lauf seines Lebens kommt der Jurist, namentlich, wenn er Richter oder Anwalt ist, zu der Auffassung: die Leute sind alle und immer so, sie zeigen es sonst nur nicht."****

„Ich kam zu Gericht, als Rechtspraktikant. Und dort war es, dort hat mich die Gemeinheit der Menschen verblüfft. Verblüfft, ich weiß kein anderes Wort. Monatelang befand ich mich in einer Art von Erstarrung. Ist es denn wahr, sagte ich mir, *lebt das alles*? Und dann kam mein Entschluß: Einer Welt, die so elendiglich existiert, tut man die größte Wohltat, indem man sie zerstört."*****

*   *Brod, Max*: Die erste Stunde nach dem Tode. Eine Gespenstergeschichte, Leipzig: Wolff 1916, S. 37.
**   *Gaddis, William*: Letzte Instanz, Reinbek bei Hamburg: Rowohlt 1998, S. 9.
***   *Goldt, Max*: Wie gut, daß ich ein Künstler bin!, in: Derselbe: Die Radiotrinkerin, München: Heyne 1991, S. 10ff. (11).
**** *Rosendorfer, Herbert*: Ballmanns Leiden oder Lehrbuch für Konkursrecht, München: dtv 1992, S. 25.
***** *Brod, Max*: Die Retterin. Schauspiel in vier Akten, Leipzig: Wolff 1914, S. 82. (Hervorhebung von mir).

Inhaltsverzeichnis

A. Vorbemerkung 09

B. Verbraucherrechtsfälle und Lösungsskizzen 13

I. Kaufrecht 13
   1. Nachfristsetzung 14
   2. Garantie 16
   3. Nachbesserung 19
   4. Autokauf I (Mängel) 21
   5. Autokauf II (Schadensersatz) 24

II. Haustürgeschäfte/ Freizeitveranstaltungen 25
   1. Freizeitveranstaltungen 27
   2. Antwortpostkarte 29

III. Allgemeine Geschäftsbedingungen 31
   1. Lottogewinner 31
   2. Rückversandkosten 33
   3. Photomaterial 35

IV. Werkvertragsrecht 37
   1. Sportflieger 38
   2. Einbauküchen 40
   3. Kostenvoranschläge 42
   4. Rohrreinigungsdienste 43

V. Pauschalreiserecht 46
   1. Reisemängel I (Geckos) 47
   2. Reisemängel II (Algenpest) 49
   3. Stornokosten 51

VI. Heiratsmäkler/ Partnervermittlung 54
   1. Eheanbahnung 55
   2. Partnerdepot 57

VII. Mietrecht 59
   1. Mietmängel 60
   2. Nebenkosten 62

	3. Kleinreparaturklauseln	65
	4. Eigenbedarf	68
VIII.	Wettbewerbsrecht/ Warentests/ Rechtsberatung	70
	1. Preisauszeichnung	72
	2. Warentests	73
	3. Rechtsberatung im Fernsehen	77
IX.	Produkthaftung/ Produzentenhaftung	80
	1. Schutzblech	81
	2. Adventskerzen	83
	3. Saunaaufguß	85
X.	Verbraucherkredite/ Fernabsatz/ Mahnverfahren	88
	1. Pay-TV	89
	2. Mahnbescheid	93
XI.	Miszellaneen	97
	1. Gewinnspiele/ Reisegewinne	98
	2. Telefonsex/ Flirt-Lines	101
C.	Schlußwort	105

A. Vorbemerkung

Dieses Fallbuch über Verbraucherschutzrecht[1] führt an Hand von Fällen und Lösungsskizzen in die wichtigsten Gebiete des zivilistischen Verbraucherschutzes ein. Die Fälle sind, wenngleich aus didaktischen Gründen manchmal in Anlehnung an die Rechtsprechung modifiziert, der aktuellen und alltäglichen Praxis entnommen. Die Rechtsgebiete sind: Kaufrecht (einschließlich Autokauf), Haustürgeschäfte, das Recht der Allgemeinen Geschäftsbedingungen, Werkvertragsrecht, Produzenten- und Produkthaftung, Wettbewerbsrecht, Warentests und Rechtsberatung, Heiratsmäkler (Partnervermittlung), Miete und Nebenkosten, Reiserecht, Fernabsatz, Verbraucherkreditrecht und schließlich das Mahnverfahren.

Das Buch wendet sich vornehmlich an Studierende. Profitieren können von diesem Buch aber auch juristisch geschulte Nichtjuristen, die in der Verbraucherberatung oftmalig Beachtliches leisten, was ich an dieser Stelle einmal hervorheben und mit der Bemerkung ergänzen möchte, daß man nicht unbedingt Jurist sein muß, um das Recht zu verstehen und mit ihm zu arbeiten. Der Schlüssel zum Recht ist anderswo zu finden: Man muß sich auf das Recht und sein System einlassen. Wer sich in der Examensvorbereitung befindet, kann das Buch auch als Repetitorium einiger grundlegender Materien des Zivilrechts nutzen. Wiederholungen, so lästig und ermüdend sie sein mögen, schaden nie. Beim Lernen mit diesem Buch kann man wenigstens ab und an schmunzeln. Auch das schadet nie.

---

[1] Verbraucherschutzrecht ist keine einheitliche Rechtsmaterie. Die verbraucherschützenden Rechtsnormen sind verstreut. Verbraucherrecht läßt sich juristisch nicht eindeutig eingrenzen. Es ist zu hoffen, daß der Gesetzgeber den Verbraucherschutz in Zukunft ausweiten wird. Ein Indiz dafür könnte sein, daß der Verbraucher als *Legaldefinition* seinen Einzug in das Bürgerliche Gesetzbuch (§ 13) gefunden hat: „Verbraucher ist jede natürliche Person, die ein Rechtsgeschäft zu einem Zweck abschließt, der weder ihrer gewerblichen noch ihrer selbständigen beruflichen Tätigkeit zugerechnet werden kann."
Zum Thema *Verbraucherschutz* überaus lesenswert: *Borchert, Günter*: Verbraucherschutzrecht, 2. Aufl., München: Beck 2003; *Reifner, Udo*: Verbraucherschutz im Umbruch - Nachhaltigkeit oder Selbsthilfe durch die Hilflosen?, in: VuR 2004, S. 130ff.; *Westphalen, Friedrich Graf von*: Vom Bild des Menschen im Recht - Eine Skizze -, AnwBl. 2003, S. 665ff. (insb. 668ff.).
Trotzdem sie veraltet ist, lohnt ein Blick in folgende Publikation: Handbuch des Verbraucherrechts (HdVR), hrsg. von der *AgV* (Arbeitsgemeinschaft der Verbraucherverbände) und dem *DGB* (Deutscher Gewerkschaftsbund), Neuwied: Luchterhand, 2 Bände, Loseblattsammlung Stand 1990 (eingestellt).

Möge die Heiterkeit auf den Leser übergehen. Er sollte sich aber nicht darüber täuschen, daß die Lösungen ernst genommen werden wollen, weil man anläßlich des Studiums dieses Buches auch juristisches Wissen ergattern kann, besonders dann, wenn man die eine oder andere Angabe in den Fußnoten nachliest. Das Lernen an Hand von Fällen übt darin, die für die Entscheidung maßgeblichen Rechtsprobleme zu finden und die einschlägigen Rechtssätze richtig anzuwenden. Die Lösungen beherzigen aus sprachstilistischen Erwägungen nicht den Gutachtenstil. Der Aufbau folgt nicht immer den strengen akademischen Schemata. Die Lösungs*skizzen* sollen eine vertretbare Lösung umreißen. Sie sind deshalb nicht mit vertieften Auseinandersetzungen mit juristischen Theorien und akademischen Lehrgebäuden überbordet. Die hier vorgeschlagenen Lösungen sollte der Leser nicht als die allein richtigen und die allein möglichen hinnehmen und sich die Mühe einer selbständigen Zergliederung und Entscheidung des Falles ersparen. Gerade das ist nicht der Zweck der beigefügten Lösungen. Vielmehr soll in ihnen nur auf die Probleme hingewiesen werden, die bei der Lösung hauptsächlich in Betracht kommen; es soll deshalb auch keine abschließende Entscheidung, vielmehr nur eine Anregung gegeben werden, die richtige Entscheidung selbst zu finden.

Die Namen meiner Agitatoren in den Verbraucherrechtsfällen sind als Alliterationen[2] konstruiert. Die Allitterationstiere (*nomen est omen*: Pafnuti Pitbull, Pilatus Piranha, Rüdiger Rattenigel, Siegfried Sägefisch, Waldo Waldkauz) sind kein einfallsarmer Juristenhumor, sondern vielmehr eine Hommage an die Schriftsteller Kurt Tucholsky und Alfred Lichtenstein, die beide promovierte Juristen waren.[3]

Angaben über Kurt Tucholsky kann man jedem Literaturlexikon entnehmen. Alfred Lichtenstein, der nicht so bekannt ist, erlaube ich mir kurz vorzustellen. Er wurde als Sohn eines jüdischen Textilfabrikanten am 23. August 1889 in Berlin/Wilmersdorf geboren. Nach dem Besuch des Gymnasiums studierte er, nach-

---

[2] Alliteration = Lautverbindung. Sytaktisch verbundene Wörter, zum Beispiel: „Dichter und Denker", „Kind und Kegel", „Stock und Stein", oder „Wind und Wetter".

[3] *Lichtenstein, Alfred*: Die rechtswidrige öffentliche Aufführung von Bühnenwerken. Nach dem Gesetz, betreffend das Urheberrecht an Werken der Literatur und der Tonkunst, jur. Diss. Erlangen v. 03.01.1914, Berlin: Walter 1913; Dazu: *Wambach, Lovis Maxim*: Die Dichterjuristen des Expressionismus, Baden-Baden: Nomos 2002, S. 71ff.
Tucholsky, Kurt: Die Vormerkung des § 1179 BGB und ihre Wirkungen, Diss. jur., Jena v. 19.11. 1914. Dazu: *Wambach, Lovis Maxim*: Kurt Tucholskys Jurastudium, Promotionsverfahren und Dissertation, in: *Ders.*: Grenzgänger zwischen Jurisprudenz und Literatur, Baden-Baden: Nomos 2000, S. 55ff.

dem er den ursprünglichen Plan eines Medizinstudiums aufgegeben hatte, Jura in Jena, Berlin und Erlangen, wo er 1914 mit einem urheberrechtlichen Thema promovierte. Die Studentenzeit war für Lichtenstein literarisch eine äußerst fruchtbare und produktive Phase. Ab 1910 veröffentlichte er in verschiedenen expressionistischen Zeitschriften, vornehmlich im *Sturm* und in der *Aktion*, Gedichte und kürzere Prosatexte. 1911 erschien sein Gedicht *Die Dämmerung*. Diese drei Strophen wurden zusammen mit Jakob van Hoddis [d.i. Hans Davidsohn] Gedicht *Weltende* zum Fanal des poetischen Expressionismus, ja, zu einem Muster der neuen revolutionären Gedichtkunst.[4]
Wie auch Tucholsky verwandte Lichtenstein Namen-Alliterationen (Konrad Krause, Lutz Laus, Leopold Lehmann, Mieze Maier). Beide wurden dazu von einem juristischen Repetitor in Berlin angeregt, an den Tucholsky sich erinnerte:

Wir sind fünf Finger an einer Hand.
Der auf dem Titelblatt und:
Ignaz Wrobel. Peter Panter. Theobald Tiger. Kaspar Hauser.
Aus dem Dunkel sind diese Pseudonyme aufgetaucht, als Spiel gedacht, als Spiel erfunden [...].
Und was als Spielerei begonnen, endete als heitere Schizophrenie.
[...] Woher die Namen stammen-?
Die alliterierenden Geschwister sind Kinder eines juristischen Repetitors aus Berlin. Der amtierte stets vor gesteckt vollen Tischen, und wenn der pinselblonde Mann mit den kurzsichtig blinzelnden Augen und dem schweren Birnenbauch dozierte, dann erfand er für die Kasperlebühne seiner „Fälle" Namen der Paradigmata.[5]
Die Personen, an denen er das Bürgerliche Gesetzbuch und die Pfändungsbeschlüsse und die Strafprozeßordnung demonstrierte, hießen nicht A und B, nicht: Erbe

---

[4] *Hoddis, Jakob van*: Weltende: Dem Bürger fliegt vom spitzen Kopf der Hut, | In allen Lüften hallt es wie Geschrei. | Dachdecker stürzen ab und gehn entzwei, | Und an den Küsten -liest man- steigt die Flut. || Der Sturm ist da, die wilden Meere hupfen | An Land, um dicke Dämme zu zerdrücken. | Die meisten Menschen haben einen Schnupfen. | Die Eisenbahnen fallen von den Brücken.
Lichtenstein, Alfred: Die Dämmerung: Ein dicker Junge spielt mit einem Teich. | Der Wind hat sich in einem Baum gefangen. | Der Himmel sieht verbummelt aus und bleich, | Als wäre ihm die Schminke ausgegangen. || Auf lange Krücken schief herabgebückt | Und schwatzend kriechen auf dem Feld zwei Lahme. | Ein blonder Dichter wird vielleicht verrückt. | Ein Pferdchen stolpert über eine Dame. || An einem Fenster klebt ein fetter Mann. | Ein Jüngling will ein weiches Weib besuchen. | Ein grauer Clown zieht sich die Stiefel an. | Ein Kinderwagen schreit und Hunde fluchen.
Das Gesamtwerk von Alfred Lichtenstein ist in einer sehr schönen Ausgabe im Arche-Verlag erhältlich: Alfred Lichtenstein Dichtungen, hrsg. v. *Klaus Kanzog* und *Hartmut Vollmer*, [mit Dokumenten zu Leben und Werk, Zeittafel, editorischem Bericht, Überlieferung, Varianten, Erläuterungen und Bibliographie], Zürich: Arche 1989.
[5] Paradigma = Beispiel.

und nicht Erblasser. Sie hießen Benno Büffel und Theobald Tiger, Peter Panter und Isidor Iltis und Leopold Löwe und so durchs ganze Alphabet. Seine Alliterationstiere mordeten und stahlen, sie leisteten Bürgschaft und wurden gepfändet; begingen öffentliche Ruhestörung in Idealkonkurrenz mit Abtreibung und benahmen sich überhaupt sehr ungebührlich. Zwei dieser Vorbestraften nahm ich mit nach Hause - und, statt Amtsrichter zu werden, zog ich sie auf.[6]

Die in Lichtensteins Texten sich immer wieder manifestierenden Ahnungen einer Weltkatastrophe wurden 1914 auch für ihn selbst Realität. Lichtenstein, der als Einjährig-Freiwilliger im Oktober 1913 in ein bayerisches Infanterieregiment eingetreten war, mußte gleich nach der Mobilmachung einrücken. Seine in dieser Zeit entstandenen Gedichte sind Zeugnisse der Verzweiflung über die Sinnlosigkeit des Krieges. Lichtenstein fiel nur wenige Wochen nach Kriegsbeginn: am 25. September 1914 starb er bei Vermandovillers in der Nähe von Reims.

Die Fälle dieses Buches sind sicherlich keine dichterischen Kunstwerke, sie erheben auch gar nicht den Anspruch auf dieses Prädikat. Der Verfasser hat sich allerdings bemüht, seinen literarischen Vorbildern gerecht zu werden. So mag manchem der Stil für juristische Sachverhaltsschilderungen ungewöhnlich vorkommen, doch der Leser sollte niemals vergessen, daß sich *Scherz und Ernst in der Jurisprudenz*[7] nicht gegenseitig ausschließen. Das Gegenteil ist der Fall. Daß dies auch für juristische Kasuistik gilt, bewies schon das phantasie- und humorvolle Fallbuch von Alan Patrick Herbert,[8] das allen, die es nicht kennen, ans Herz gelegt sei.

Ein Literaturverzeichnis hielt ich für entbehrlich, weil die Nachweise in den Fußnoten vollständig zitiert werden; ein Abkürzungsverzeichnis ebenfalls, weil sich alle Abkürzungen streng nach *Kirchners* Abkürzungsverzeichnis richten.

Bremen, im Mai 2004
Rechtsanwalt Dr. jur. et Dr. phil. Lovis Maxim Wambach,
Fachreferent bei der Verbraucherzentrale des Landes Bremen e.V.

---

[6] *Tucholsky, Kurt*: Starter, die Fahne-! Ab mit 5 PS, in: Ders.: Panter, Tiger & Co. Eine neue Auswahl aus seinen Schriften und Gedichten, hrsg. v. *Mary Gerold-Tucholsky*, Reinbek bei Hamburg: Rowohlt 1965, S. 8ff. (8f.).

[7] *Jhering, Rudolf von*: Scherz und Ernst in der Jurisprudenz. Eine Weihnachtsgabe an das juristische Publikum, 3. Aufl., Leipzig: Breitkopf und Härtel 1885.

[8] *Herbert, Alan Patrick*: Rechtsfälle-Linksfälle. Eine Auswahl juristischer Phantasien, ins Deutsche übertragen und rechtsvergleichend erläutert von *Konrad Zweigert* und *Peter Dopffel*, 4. Aufl., Göttingen: Vandenhoeck & Ruprecht 1984.

B. Verbraucherrechtsfälle und Lösungsskizzen

I. Kaufrecht

> Im Grunde laufen die Leute mit Kleidern herum, die ein Betrug sind [...]. Die Leute haben aber auch längst kein Gefühl mehr für Qualität. Für Haltbarkeit. Für Erstklassigkeit. Schon in kurzer Zeit zerfällt alles, was man anrührt. Aber die Industrie hat nichts anderes im Kopf, als Erzeugnisse auf den Markt zu werfen, die in kurzer Zeit wertlos sind. Man schlüpft in ein Hemd hinein, sage ich, und es zerreißt, in die Hose, und sie zerreißt, man setzt den Hut auf, und er zerreißt. Man kann anziehen, was man will, es zerreißt in kürzester Zeit, wäscht man es, geht es ein usf. Zieht man an neuen Schuhbändern, zerreißen sie [...], bückt man sich im neuen Mantel, zerreißt er, alles zerreißt und zerbricht und zerbröckelt, das ist der Fortschritt. [...] man macht eine Tür auf, und man hat die Klinke in der Hand, und alles ist peinlich usf. Man dreht am Fenstergriff, und das Fenster fällt einem auf den Kopf, man hebt einen Kübel voll Wasser auf, und man hat nur noch einen Henkel in der Hand.[9]

Der Konsumfortschritt, den Thomas Bernhard am Beispiel der zeitgenössischen inferioren Gewandung anprangert, hat auch juristische Folgen. Weil die Welt mit immer mehr unbrauchbarem Schrott überflutet, den Menschen mit Hilfe der Werbung weisgemacht wird, sie bräuchten Dinge, die indes eigentlich unnötig oder unbrauchbar sind, wird immer mehr gekauft.[10] Diese Grundwahrheit wird schon in einem alten Rechtssprichwort treffend auf den Punkt gebracht: „Unnützes, noch so billig gekauft, ist immer teuer gekauft."[11] So nehmen im Zeitalter des Kaufrausches und der Kaufwut die Reklamationen stetig zu. Die großen Kaufhäuser, sie seien ausdrücklich gelobt, gewähren den Kunden oftmals eine Umtauschoption, so daß es kaum Probleme gibt. Probleme gibt es mit den mittel-

---

[9] *Bernhard, Thomas*: Watten. Ein Nachlaß, Frankfurt am Main: Suhrkamp 1969, S. 30f.
[10] „Die Schund- und Schrottproduktion für den Armutssektor nimmt immer größere Ausmaße an und erobert die Zentren von Städten mit sozialen Brennpunkten wie in Bremen mit ihren 99 Cent Shops, ihren extra gefertigten Sonderangeboten, deren Lebensdauer und Nützlichkeit so weit herabgesetzt ist, dass ihre Nutzung statt der Qualitätsware letztlich das Realeinkommen doppelt belastet. Billiger ist teurer, heißt die informierte Botschaft." (*Reifner, Udo*: Verbraucherschutz im Umbruch - Nachhaltigkeit oder Selbsthilfe durch die Hilflosen?, in: VuR 2004, S. 130ff. [133]).
[11] *Grundmann, Günter/ Strich, Michael/ Richey, Werner*: Rechts-Sprichwörter, Hanau: Dausien 1984, S. 51.

großen oder kleineren Händlern, bei denen man froh sein kann, einen unübertragbaren, befristeten Gutschein zu bekommen, wenn einen die Kaufreue zurück in das Geschäft treibt. *Pacta sunt servanda,*[12] mögen manche einwerfen. Fehlkäufe werden halt bestraft. Doch was tun, wenn die Ware mangelhaft ist? Beim Kauf hilft das Kaufrecht dem Käufer, möchte man meinen. Doch weil in der modernen Welt die Kaufmannsehre abhanden gekommen ist, bekommen die Käufer zu hören: „Gesehen, gekauft, mitgenommen. Da kann man nichts machen!" Mag dieser Slogan für den Gebrauchtwagenkauf beinahe noch schelmisch sein, ist er bei neu hergestellten Sachen wohl nur der Tatsache geschuldet, daß die Verkäufer sehr wohl wissen, daß es sich kaum lohnt beziehungsweise ein hohes Risiko darstellt, wegen geringer Beträge vor Gericht zu ziehen. Bei den Beträgen, die für alltägliche Konsumgüter in Betracht kommen verhält sich der Streitwert nämlich in ausnehmend ungünstiger Relation zu den Gerichts- und Anwaltskosten. Wenn man bei einem sehr niedrigen Streitwert auch nur zu einem geringen Teil unterliegt zahlt man drauf, falls man keine Rechtsschutzversicherung abgeschlossen hat, die einem den Luxus finanziert, um Kleinkram streiten zu können. Abgesehen von den Kosten, muß man zusätzlich die Mühsal berücksichtigen, die einem die Rechtsverfolgung auferlegt.

1. Nachfristsetzung

Frau Sieglinde Siebenschläfer leistete sich, weil das Leben sonst nicht viel mehr zu bieten hat als Quizsendungen, die Lektüre des *Neuen Blattes* und die Spaziergänge mit ihrer inkontinenten Teckelhündin - ein neues Sofa. In einer Zeitungsanzeige des Möbelgeschäfts *Marder*, einem kleinen aber feinen Laden mit nur mittlerer Formaldehydbelastung,[13] fand sie ihr Traumobjekt: „Ottomane mit Springaufbeschlag, beidseitig verstellbare Pendolineck und kleinem Stauraumelement, Superelastik-Federkern-Polsterung im Sitz für die totale Entspannung. Preisknüller: 1.999,- Euro."
Sie bestellt das Sofa in einem aktuellen modischen Farbton. Es soll auch, wie der Verkäufer betonte, *alsbald* geliefert werden. Die Wochen vergehen. Etliche Quizsendungen bereichern das Leben von Frau Siebenschläfer, ohne daß sie diesen Genuß total entspannt auskosten kann. Sie ruft bei *Marder* an, immer wieder und

---

[12] Verträge sind einzuhalten.
[13] Stärkere Formaldehydemissionen, die zu Geruchsbelästigungen und Krankheiten führen, stellen einen erheblichen Mangel dar, der Nacherfüllungsansprüche auslöst. (Vgl. OLG Stuttgart NJW-RR 1992, S. 187 mit weiteren Nachweisen).

wieder. Der Inhaber, Malte Marderbär, der ungnädige Anrufe gewohnt ist, sagt stets: „Gute Frau, da kann ich doch nicht für. Der Lieferant, der liefert nicht; der Lieferant, der weiß halt auch nicht, wann er liefern kann das Sofa. Der sitzt in Bayern, der Lieferant. Kann ich Ihnen nicht sagen, wann das Sofa kommt. Wird schon kommen. Geduld, Geduld. Wenn es kommt, dann bring' ich es sofort vorbei, Ehrenwort. ... Ist aber ein schönes Sofa, das Sie bestellt haben, gute Wahl, Qualität und schöne Farbe, nichtwahrundsoweiteraufwiedersehenundschönentagnochdannbisbald..."
Schließlich ist Frau S. so giftig, daß sie nicht mehr telefonieren mag. Eine Nachbarin rät ihr, die Angelegenheit jetzt schriftlich anzupacken. Frau S. schreibt: „Sehr geehrter Herr, wenn das Sofa jetzt nicht bald kommt, nämlich ganz schnell, sehr schleunigst sozusagen, wie ich schon am Telefon Ihnen vermeldete, noch diesen Monat mindestens, dann behalte ich mir vor, von dem Kaufgeschäfte zurückzutreten, so gerne ich auch ein neues Sofa mein Eigen nennen würde. Ich wäre so glücklich, wenn endlich das schöne Sofa käme. Hochachtungsvoll Frau S."
Schließlich kommt das Sofa dann doch noch, wenn auch erst am Anfang des nächsten Monats. M. verlangt die Abnahme. Frau S. will nicht mehr, weil sie inzwischen ein neues Möbel in der Wohnung stehen hat. Sie meint, sie müsse das Sofa nun nicht mehr abnehmen. M. habe sich ja geweigert, das Sofa rechtzeitig zu liefern, der Lümmel. M. meint, er habe sich gar nicht geweigert. Es sei halt nicht rechtzeitig gekomken. Dafür könne er auch nichts. Das sei oft so in der Branche. S. hätte ihm auch mal mitteilen müssen, daß Sie sich so vorschnell gleich ein neues Sofa kaufen wolle, die hysterische, alte Kuh. Außerdem sei Vertrag, Vertrag. Aber nicht bis in alle Ewigkeit, bis zum Sankt Nimmerleinstag, meint Frau S.
Und nun?

Für den Rücktritt vom Vertrag ist erforderlich, daß die Lieferung des Sofas fällig war. Vereinbart ist *alsbald*ige Lieferung, was leider sehr ungenau ist; doch muß nach einigen Wochen auch bei einer derartig vagen Vereinbarung geliefert werden. Nach § 323 Abs. 1 BGB ist es allerdings zusätzlich erforderlich, der Gegenseite den Ernst der Lage deutlich zu machen und eine angemessene Frist zu bestimmen.
S. hat hier schon die Frist recht undeutlich gesetzt („noch diesen Monat mindestens"); dann aber einen folgenschweren Fehler begangen, indem sie schrieb: „dann *behalte ich mir vor*, von dem Kaufgeschäfte zurückzutreten...glücklich..."
Die betroffene Vertragspartei muß aus der Erklärung der Gegenseite eindeutig erkennen können, daß sie nach dem fruchtlosen Ablauf der Frist ihren Anspruch

auf Erfüllung nicht mehr geltend machen kann, sondern vielmehr selber Gegenansprüchen ausgesetzt ist. Dazu reicht die bloße Bestimmung einer Nachfrist aus. Die Leistung selbst muß man nicht ausdrücklich ablehnen. Wenn aber die Fristsetzung dermaßen ungenau und relativierend in die Erklärung der Nachfrist eingebettet ist, muß der Schuldner nicht mit einem Rücktritt rechnen. Manchmal ist es besser, weniger, nämlich nur das Wesentliche, zu schreiben.
Eine Nachfristsetzung wäre allerdings entbehrlich, wenn gemäß § 323 Abs. 2 Nr. 3 BGB besondere Umstände vorlägen, die unter Abwägung der beiderseitigen Interessen den sofortigen Rücktritt rechtfertigten (Interessenfortfall). An den Fortfall des Interesses werden strenge Anforderungen gestellt.[14] Daß sich Frau S. ein anderes Sofa gekauft hat, ist auf ihren Unmut zurückzuführen und nicht auf Gründe, deren Dringlichkeit die Schutzfunktion der Nachfristsetzung hätte entbehrlich machen können.
Eine Nachfrist zu setzen, hätte Frau S. unnötig und sinnwidrig belastet, wenn M. die Erfüllung eindeutig und endgültig verweigert hätte (§ 323 Abs. 2 Nr. 1 BGB) Das Gegenteil ist jedoch der Fall. Er hat lediglich erklärt, daß er aufgrund seiner eigenen Abhängigkeit von den Vorlieferanten nicht genau wisse, wann er liefern kann; er werde liefern, sobald das Sofa kommt. Bei einer derartigen Fallgestaltung ist eine Nachfristsetzung unentbehrlich.[15] Frau S. wird die Welt und die Rechtsgelehrsamkeit nicht mehr verstehen. Die hysterische, alte Kuh muß sich mit dem Lümmel einigen.

2. Garantie

Wegen ihres leichten Übergewichts glaubt sich Berta Bär von der Gesellschaft ausgestoßen, im beruflichen Fortkommen behindert und in ihren Heiratschancen gemindert. In einer Zeitungsannonce wird sie auf den *Elliptical Trainer Sprint Inspirit Maax* mit Magnetbremse und integrierter Pulsmessung aufmerksam, der Erlösung verspricht:

> Dieser Trainer ist eine einzigartige Kombination aus Laufband, Heimtrainer und Stepper. Durch fließende elliptische Bewegungen entsteht ein Trainingsmix aus Biking, Walking und Stepping. Besonders effizient für die vordere und hintere Oberschenkelmuskulatur, Hüfte, Podex, Waden, Arme und Bauch. Ein intensives Komplett-Training mit nur einem Gerät für den ganzen Körper.

---

[14] BGH NJW-RR 1993, S. 949f.; NJW 1977, S. 35f.
[15] BGH NJW 1992, S. 235.

Gesehen, bestellt, geliefert, bezahlt, ausgepackt und ausprobiert. Berta ist zufrieden. Dem Trainer beigefügt war eine Garantiekarte, die B.B. zusätzlich von der Qualität des Produktes überzeugt:

> Unabhängige Tests von Fachzeitschriften und Designinstitutionen spiegeln immer wieder die ausgezeichnete Qualität, vorbildliche Bedienung und das einzigartige Design von *Elephant*-Produkten wieder. Die konsequente Qualitätsausrichtung und das Qualitätsmanagment werden nicht zuletzt durch die Zertifizierung nach der Qualitätsnorm DIN ISO 0815 dokumentiert. Die Verwendung hochwertiger Bauteile und strenge Qualitätskontrollen stellen sicher, daß Sie lange Freude an Ihrem Elliptical Trainer haben. Aus diesem Grund gewährt *Elephant*-Versand eine 36monatige Garantie auf alle Produkte einschließlich aller Verschleißteile.

Mag sein, daß B.B. das Training übertrieb, zu verbissen sich mehrmals täglich in elliptische Bewegungen versetzte, die quirlig das Gehirn rotieren ließen; mag sein, daß das Gerät werkseitig nur eine begrenzte Lebensdauer hatte. Nach sieben Monaten Fitneßwahn war B.B. nicht dünner, sondern urlaubsreif und der Trainer ramponiert. Es kann nicht mehr festgestellt werden, ob der Trainer wegen eines bereits bei Gefahrübergang vorliegenden Materialfehlers oder durch unsachgemäßes Training zerstört wurde.
Welche Rechte hat Berta Bär gegen Elephant-Versand?

In Betracht kommt hier zunächst der kaufrechtliche Nacherfüllungsanspruch. B. könnte nur dann einen Anspruch auf Nacherfüllung gemäß §§ 439, 437 Nr. 1, 434 Abs. 1 Satz Nr. 2 BGB gegen E. haben, wenn der Trainer mit einem Mangel behaftet war. Dabei ist der Gefahrübergang der maßgebliche Zeitpunkt, in dem die Sache mangelfrei sein muß. Hier ist ungeklärt, ob der Trainer bereits bei Übergabe mangelhaft war. War das der Fall, lag ein Sachmangel vor. Andernfalls wäre der Trainer jedoch mangelfrei gewesen, so daß B. keine Gewährleistungsrechte zustünden. Die fehlende Aufklärbarkeit des Sachverhalts (*non liquet*)[16] geht zu Lasten des Beweispflichtigen. Im Verbrauchsgüterkauf (§ 474 BGB) ist für die ersten sechs Monate eine Beweislastumkehr (§ 476 BGB) statuiert: Es wird ver-

---

[16] Es ist nicht klar (römische Gerichtsformel bei unentscheidbaren Fällen). Der Richter muß nach deutschem Recht aber auch unentscheidbare Fälle richten. Steht der beweisbelasteten Partei kein Beweismittel (beispielsweise Zeugen oder Urkunden) zur Verfügung oder steht nach der Beweisaufnahme nicht fest, ob die behauptete Tatsache wahr oder unwahr ist, hat der Richter festzustellen, welche Partei das Risiko der Beweislosigkeit trägt und deshalb den Prozeß verliert. Diese Feststellung richtet sich nach der objektiven Beweislast. Die Bedeutung des Beweisrechts für die gerichtliche Praxis wird oft unterschätzt, hängt doch der Sieg oder Untergang vor Gericht sehr oft am Beweis und nicht am Recht.

mutet, daß der Mangel während dieser Frist schon bei der Übergabe vorhanden war. Die Frist ist jedoch abgelaufen, so daß nun B. in der Beweispflicht stünde. Die Unaufklärbarkeit des Sachverhalts geht zu ihren Lasten. Sie hat keinen kaufrechtlichen Anspruch auf Nacherfüllung.

B. könnte allerdings den Anspruch auf Nacherfüllung aus der Garantie herleiten. Garantien sind, obwohl sie häufig vorkommen, gesetzlich nur fragmentarisch geregelt (§§ 443f., 477 BGB). Garantie bedeutet meist, daß Verkäufer oder Hersteller (Herstellergarantie) alle in der Garantiezeit auftretenden Mängel kostenlos beseitigen. Das muß aber nicht so sein. Die Garantie übernehmen Verkäufer oder Hersteller freiwillig, um den Wert und die Qualität der Ware herauszustellen. Aus diesem Grunde können sie die Dauer der Garantie frei bestimmen; sie können sogar die Garantieleistungen einschränken, so daß beispielsweise nur die Ersatzteile kostenlos sind, die Reparaturleistung aber vom Käufer bezahlt werden muß. Es ist auch möglich, daß die Garantie auf bestimmte Teile eines Produkts beschränkt wird, zum Beispiel auf den Rahmen eines Fahrrades. Nur eins darf die Garantieerklärung nicht: Die gesetzlichen Gewährleistungsrechte des Käufers dürfen durch die Garantie nicht beschnitten werden (§ 477 BGB).[17]

Der Anspruch auf Nacherfüllung könnte sich hier aus der Garantieerklärung ergeben. Dafür ist zunächst Voraussetzung, daß E. eine Haltbarkeitsgarantie (§ 443 BGB) übernommen hat. Eine Haltbarkeitsgarantie ist eine unselbständige Garantie dafür, daß die Kaufsache während eines bestimmten Zeitraums oder für eine bestimmte Nutzungsdauer sachmängelfrei bleibt. Der Verkäufer steht dafür ein, daß die Kaufsache die vereinbarte Beschaffenheit nicht nur bei Gefahrübergang, sondern über einen bestimmten Zeitraum hinweg aufweist. Hier hat E. trotz vieler Worte die von ihr eingeräumte Garantie nicht näher beschrieben. Üblicherweise ist in einer nicht näher beschriebenen Garantie eines Verkäufers eine solche Haltbarkeitsgarantie zu sehen. Damit hat E. die Garantie dafür übernommen, daß der Trainer drei Jahre lang hält. Bei der Haltbarkeitsgarantie wird vermutet, daß der Garantiefall durch einen während der Garantiezeit aufgetretenen Sachmangel ausgelöst wurde. Es handelt sich um eine widerlegliche Vermutung. Dem Verkäufer steht der Gegenbeweis offen, daß es sich nicht um einen Garantiefall handelt, weil der Käufer die Sache unsachgemäß behandelt hat. Da genau diese Frage aber nicht mehr zu klären ist, wirkt die Vermutung des § 443 Abs. 2 BGB zugunsten von B. Sie kann sich darauf berufen, daß ein Garantiefall eingetreten ist. Zu klären

---

[17] Umfassend: *Hammen, Horst*: Zum Verhältnis der Garantie zu den Mängelrechten aus § 437 BGB, in: NJW 2003, S. 2588ff.

ist noch, welche Rechte B. aus der Garantie herleiten kann. Weil die Garantiebedingungen hier zu den Rechten des Käufers schweigen, ist davon auszugehen, daß B. alle im Gesetz für Sachmängel vorgesehen Rechte hat. Damit kann B. von E. aus der Garantie in Verbindung mit § 443 BGB Nacherfüllung entsprechend § 439 BGB verlangen.

3. Nachbesserung

Peter Panda studiert die Juristerei. Dieses Studienfach kann auf eine lange Tradition zurückblicken. Jahrhunderte, man möchte sagen, Jahrtausende konnte man dieses Fach ohne den Einsatz von Elektronik studieren. Die berühmtesten Juristen hatten nicht einmal einen Kopierer zur Verfügung. Man fragt sich, wie das zugegangen sein mag. Da kann man sich doch eher den listenreichen Odysseus auf seinen Fahrten vorstellen, als einen Feuerbach, einen Jhering oder die Grimms, die ohne elektronische Hilfsmittel beachtliche Bücher geschrieben haben. Genaugenommen sind diese Bücher sogar viel besser, als alles, was heutzutage geschrieben wird. Das gilt nicht nur für den Inhalt und den Stil, sondern auch für die Form einschließlich des Drucksatzes. Jacob Grimms *Deutsche Rechtsaltertümer* von 1828 umfaßt 970 Seiten, ist mit einem Index und zahlreichen Anmerkungen versehen, die ohne computergestützte Fußnotenverwaltung bewältigt worden sind. Lediglich die Hand voll Druckfehler, die am Schluß des Bandes aufgeführt worden sind, hätte man heutzutage mühelos beseitigen können. Welch ein Gewinn... Peter Panda jedenfalls benötigt einen Computer, um die kleinen und die großen Scheine zu schreiben. Er kauft sich deshalb ein Notebook zum Preis von 999, 99 Euro. Den Kaufpreis zahlte er sogleich. Daß so eine transportable Elektronenrechenmaschine auch jede Menge Ärger bereitet, und daß man drei Mal täglich fluchen muß, verschwieg der Verkäufer. Das Notebook funktioniert dann auch nicht so, wie sich Panda erhofft hatte. Im Katalog war angepriesen, daß man damit vier Stunden im Batteriebetrieb arbeiten könne. Das Notebook muß jedoch schon nach vierzig Minuten an die Steckdose angeschlossen werden. Außerdem hat der Netzanschluß einen Wackelkontakt, so daß der Betrieb immer wieder unterbrochen wird mit dem Hinweis, das Gerät benötige Netzstrom, obwohl es an das Stromnetz angeschlossen ist. Der Händler verweist Panda darauf, sich selbst an den Hersteller zu wenden. Panda besteht als angehender Jurist auf die Gewährleistungspflicht des Händlers. Der übernimmt den Computer schließlich zur Nachbesserung. Er übersendet ihn zunächst an die Zentrale. Dort bleibt er drei

Wochen liegen, bis mehrere Geräte für eine Sammelsendung an die Reparaturfirma zusammengekommen sind. Nach sechs Wochen erhält P. sein Gerät zurück. Es funktioniert noch immer nicht. Für die beiden letzten Wochen mietet sich P. ein Ersatzgerät, um eine Hausarbeit zu schreiben. Da der Händler sich weigert, für eine erneute Nachbesserung ein Ersatzgerät zu stellen, erklärt P. den Rücktritt. Der Händler wendet ein, daß der Käufer Nachbesserungsversuche hinzunehmen habe, bevor er die Rückabwicklung des Kaufvertrages erklären könne. P. verlangt den Kaufpreis und Ersatz der Mietkosten für das Leihgerät.
Wer ist im Recht?

Computer sind kryptische Apparaturen. Sie funktionieren oftmals nicht und haben doch niemals einen Fehler. Schuld ist stets der Kunde, der zu töricht ist, das Gerät zu bedienen. Der Wissensvorsprung der pickeligen Buntkrawattenträger, die Computer vorwiegend verkaufen, ist uneinholbar. In vielen Geschäftsbedingungen wird den Kunden ein Schadensersatz auferlegt, wenn sich nach einer vom Kunden in Anspruch genommenen Gewährleistung herausstellt, daß kein Mangel vorliegt beziehungsweise die Gewährleistung nicht eingreift. Mit Rücksicht auf die Komplexität der Materie, der ungleichen Gewichtung des Sachverstandes und der Abschreckungswirkung auf den Kunden, Ansprüche geltend zu machen, muß eine Inanspruchnahme des Kunden auf die Fälle des Vorsatzes oder der groben Fahrlässigkeit beschränkt bleiben. Eine generelle Einstandspflicht für unberechtigte Reklamationen ist unwirksam.[18]

Hat der Kunde womöglich Vorgaben gemacht, wie er seinen Computer am liebsten hätte, ist er stets selbst schuld, wenn er nicht funktioniert. Aber auch hier gibt es zum Glück Gerichte, die, weil die Richter naturgemäß wenig Ahnung von Computern haben, glattweg meinen, daß ein solcher in Allgemeinen Geschäftsbedingungen vereinbarter Gewährleistungsausschluß unwirksam ist, weil der Händler, der die Computer zusammenbastelt, den Kunden auf die Probleme hinweisen muß, wenn der sich Komponenten wünscht, die kollektiv nicht funktionieren.[19]

Im vorliegenden Fall streiten die Parteien aber gar nicht über den Fehler selbst. Sie streiten nicht einmal darum, ob repariert *oder* nachgeliefert werden soll. Sie streiten nur darum, ob die Nachbesserung fehlgeschlagen ist. Nur in diesem Fall nämlich, war es P. erlaubt, vom Kaufvertrag zurückzutreten und seine Rechte nach den §§ 346 Abs. 1, 323 Abs. 1, 437 Nr. 2 1. Variante, 434, 440 BGB einzu-

---

[18] OLG Düsseldorf VuR 2000, S. 180f.; OLG Hamm VuR 2000, S. 181f.
[19] LG Stuttgart VuR 2000, S. 182ff.

fordern. Die Nachbesserung ist fehlgeschlagen, wenn sie unmöglich ist, unberechtigt verweigert wird, ungebührlich verzögert wird oder dem Käufer die Nachbesserung nicht zumutbar ist.[20] Die Anzahl der dem Käufer zuzumutenden Nachbesserungsversuche läßt sich nicht allgemein festschreiben. In der Regel sind zwei Versuche zumutbar, falls sich nicht insbesondere aus der Art des Mangels oder den sonstigen Umständen etwas anderes ergibt (§ 440 Satz 2 BGB). Bedeutsam ist vor allem, wie sehr der Käufer auf die Benutzung der Sache angewiesen ist, wie lange der erste Nachbesserungsversuch gedauert hat und inwieweit die Mängel das Vertrauensverhältnis in die vertragsgemäße Beschaffenheit der Sache berühren. Bei einem Computer, auf den sein Benutzer dringend angewiesen ist, und den er aus diesem Grunde nur kurze Zeit entbehren kann, sind mehrere Nachbesserungsversuche in der Regel nicht zumutbar.[21] Im vorliegenden Fall ist nicht nur die Ausfallzeit besonders lang; der erste Nachbesserungsversuch schlug auch noch fehl. Hinzu kommt, daß sich der Händler extrem kundenfeindlich verhalten hat: er versuchte, P. abzuwimmeln und an den Hersteller zu verweisen, das heißt, er versuchte, sich seiner Kardinalpflichten als Verkäufer zu entledigen; und das auch noch bei einem Verbrauchsgüterkauf (§ 474 BGB). Schließlich schickte er den Computer anstatt zum Hersteller zur Zentrale, wo er herumlag. Weitere Verzögerungen waren offenkundig nicht zumutbar. P. durfte zurücktreten. Durch den Rücktritt wird das Recht, Schadensersatz zu verlangen nicht ausgeschlossen (§ 325 BGB). Als Schadensersatz ist deshalb auch der geltend gemachte Ersatz für die Kosten des Leihgeräts gerechtfertigt.

4. Autokauf I (Mängel)

Offenbar potenzieren sich gerade beim Kaufobjekt Kraftfahrzeug die möglichen Konfliktursachen: kaum ein anderes Wirtschaftsgut ist während seiner Lebenszeit nämlich vergleichbaren Schadensrisiken ausgesetzt.[22] Zlatko Zwergwal wußte das, als er auf dem Autoflohmarkt einen fashionablen Personenkraftwagen erspähte. Sorgfältig beäugte er das Objekt von allen Seiten. Obwohl ansonsten gegenüber dem Schriftgut unserer Kultur antipathisch, studierte er die Prosa des Hinweisschildes, mit dem der Wagen versehen war, buchstabengetreu. Die Motorleistung war auf diesem Schild mit 130 PS und der Hubraum mit 2,4 Litern angegeben. Während im Kraftfahrzeugbrief 130 PS und 2311 ccm eingetragen

---

[20] Vgl. BGH NJW-RR 1990, S. 886ff. (888).
[21] AG Mannheim NJW-RR 1997, S. 560ff.

waren, hatte der Motor tatsächlich einen Hubraum von 2200 ccm und eine Leistung von 125 PS.
Zlatko Zwergwal kaufte das schnittige Automobil, obwohl ihm bei der Klausel über den Gewährleistungsausschluß im Kaufvertrag doch ein wenig unwohl war. Auch der beschwichtigende Hinweis des Vorbesitzers, Pafnuti Pitbull, die Klausel sei absolut üblich, konnte ihn nicht so recht beruhigen. Im Kaufvertrag hieß es unter anderem auch, daß der Wagen mit einem Austauschmotor ausgestattet sei, der eine Laufleistung von ca. 60.000 Kilometer habe.
Eine Woche später stellte sich heraus, daß der Motor stärker verschlissen war, als es bei der angegebenen Laufleistung zu erwarten war. Ein Gutachter stellte fest, daß die Beseitigung des Verschleißes mindestens 2.500,- Euro kosten würde.
Ärgerlich war auch, daß der Wagen aufgrund des Austauschmotors, anders als mit der serienmäßigen Maschine und anders als besprochen, nicht mit Normalbenzin gefahren werden konnte, sondern nur mit Superbenzin.
Weil sich Pitbull weigert, den Flitzer flink zurückzunehmen und subito das Geld herauszurücken, erhebt Z. Klage auf Rückzahlung des Kaufpreises, Zug um Zug gegen Rückgabe des Wagens.
Mit Erfolg?

Autohändler, besonders die Gebrauchtwagenhändler, die Roßtäuscher der Moderne, sollte man meiden. Ein Verbraucher formulierte es treffend: „Wenn man da reingeht und kommt nicht gleich extrem schlau rüber, meinen die, daß sie einen abzocken können." Aber auch der private Markt birgt seine Tücken, besonders weil beim Gebrauchtwagenkauf von Privat an Privat die Gewährleistung ausgeschlossen werden kann.
Die Parteien haben einen Gewährleistungsausschluß vereinbart, so daß Z. nicht wegen etwaiger Mängel Nacherfüllung verlangen kann.
P. müßte trotzdem haften, wenn die Beschaffenheit des verkauften Wagens von dem abweicht, wofür er zuvor eine Garantie übernommen hat, weil der Gewährleistungsausschluß gemäß § 444 BGB nicht für Ansprüche aus einer vom Verkäufer übernommenen Beschaffenheitsgarantie greift. Die Erklärung im Kaufvertrag, der Motor habe eine Laufleistung von etwa 60.000 Kilometer hinter sich, ist so zu verstehen, daß damit garantiert wird, daß der Motor nicht wesentlich stärker zerschlissen ist, als es die angegebene Laufzeit erwarten läßt.[23] Über den Grad der

---

[22] *Landscheid, Christoph/ Seghers, Christian M.*: Der Verkauf eines Unfallwagens, in: NZV 1991, S. 289ff.
[23] BGH NJW 1981, S. 1268f. (1269); vgl. auch: BGHZ 102, 275ff. (280). „Tüv neu".

üblichen Zerschlissenheit mag man trefflich streiten und begutachten. Im vorliegenden Fall gab es jedoch noch andere garantierte Beschaffenheitsmerkmale:

> In der Angabe der technischen Daten auf dem am Wagen angebrachten Verkaufsschild liegt hier eine Zusicherung von Eigenschaften [Übernahme einer Beschaffenheitsgarantie] [...]. Die Frage, ob eine solche Angabe eine Beschreibung der Kaufsache enthält oder eine Zusicherung von Eigenschaften [Übernahme einer Beschaffenheitsgarantien] ist, ist aufgrund der für solche Geschäfte typischen Interessenlage zu beurteilen [...]. Hubraum und PS-Zahl eines Kraftfahrzeugs sind Eigenschaften, die für den Käufer - jedenfalls im Regelfall - von wesentlicher Bedeutung sind. Gibt der [Verkäufer] auf einem Verkaufsschild diese Daten übereinstimmend mit dem für das angebotene Fahrzeug serienmäßigen Motor an, so sichert er zu, daß diese Angaben stimmen. Ist das Fahrzeug in Wirklichkeit mit einem anderen Motor ausgerüstet, so fehlt ihm eine zugesicherte Eigenschaft [garantierte Beschaffenheit] [...]. Das gilt erst recht dann, wenn der Austauschmotor im Gegensatz zur serienmäßigen Maschine einen Verbrauch von Superbenzin statt Normalbenzin verlangt; denn für den Kaufentschluß ist nicht nur der Umstand, daß das Fahrzeug serienmäßig motorisiert ist, von Bedeutung, sondern auch, daß es nur den danach zu erwartenden Treibstoff verbraucht.[24]

P. haftet, ohne daß es auf sein Verschulden ankommt (§ 276 Abs. 1 Satz 1, 2. Halbsatz BGB) aufgrund der Übernahme einer Beschaffenheitsgarantie (§§ 437 Nr. 1, 2 und 3 in Verbindung mit 444 BGB).
Eine Nacherfüllung kommt hier nicht in Betracht, weil eine Ersatzlieferung ausscheidet, denn der individuell ausgesuchte Gebrauchtwagen stellt eine nicht ersetzbare Stückschuld dar. Aber auch durch eine Reparatur läßt sich weder die Laufleistung des Motors korrigieren noch der Austauschmotor in einen Originalmotor zurückverwandeln, so daß eine Nachbesserung ebenfalls nicht in Frage kommt. Damit sind beide Formen der Nacherfüllung unmöglich. Ist die Nacherfüllung als ganzes gemäß § 275 Abs. 1 BGB ausgeschlossen, kann Z. gemäß §§ 437 Nr. 2, 326 Abs. 5 BGB sofort zurücktreten und Rückzahlung des Kaufpreises, Zug um Zug gegen Rückgabe des Wagens verlangen (§§ 346 Abs. 1, 437 Nr. 2, 326 Abs. 5 in Verbindung mit 348 Satz 1 und 2 BGB).
Die Klage wird Erfolg haben.

---

[24] Ebenda.

5. Autokauf II (Schadensersatz)

Karli Kamel unterschrieb bei *Hammerhai*, einem Vertragshändler für Neu- und Gebrauchtwagen, eine Bestellung über einen Daimler Benz zum Kaufpreis von 5.000,- Euro. K. teilte am Tag nach der Unterzeichnung der Bestellung mit, er wolle das Fahrzeug nicht mehr abnehmen. H. forderte ihn daraufhin unter Fristsetzung zur Abnahme auf. Da K. sich nicht rührte, macht H. gemäß Nr. 7 ihrer Geschäftsbedingungen einen pauschalierten Schadensersatz geltend.

> 7. Verlangt der Verkäufer Schadensersatz wegen Nichtabnahme, so beträgt dieser 15% des vereinbarten Kaufpreises. Dem Verkäufer und dem Käufer bleibt es vorbehalten, einen höheren oder niedrigeren Schaden nachzuweisen.

K. möchte nicht zahlen und wendet ein, daß er den unterzeichneten Text nicht habe lesen können, weil er Analphabet sei. Darauf habe er bei den Vertragsverhandlungen deswegen nicht hingewiesen, weil ihm dieses Malheur genierlich sei.
Wie ist die Rechtslage?

Mit pauschalierten Schadensersatzansprüchen werden die Verbraucher immer wieder konfrontiert. Je nach Branche ist er mal höher, mal niedriger. Die Empörung der Verbraucher allerdings bewegt sich stets auf einem gleich hohen Level. Einen Schaden *pauschal* geltend zu machen, ist dem Rechtsgefühl und Gerechtigkeitssinn der meisten Menschen vollkommen fremd.
Damit ein solcher Schadensersatz über Geschäftsbedingungen aber überhaupt geltend gemacht werden kann, müssen die Bedingungen wirksam in den Vertrag einbezogen werden (§ 305 BGB). Daß K. nicht lesen kann, hindert die Einbeziehung in den Vertrag hingegen nicht. Leseunkundigkeit ist kein erkennbares Handikap im Sinne des § 305 Abs. 2 Nr. 2 BGB. Er hätte auf seine fehlende Lesefähigkeit hinweisen müssen. Da er das nicht getan hat, konnte die Gegenseite davon ausgehen, daß W. den Inhalt der Geschäftsbedingungen wahrgenommen hat.[25]
Die Pauschalierung von Schadensersatz und Wertminderung ist jedoch nur wirksam, wenn der geltend gemachte Schaden den nach dem gewöhnlichen Lauf der Dinge zu erwartenden Schaden nicht übersteigt (§ 309 Nr. 5a) BGB) und dem Kunden ausdrücklich der Nachweis gestattet wird, daß nur ein geringerer oder gar

---
[25] Vgl. LG Oldenburg VuR 1998, S. 89ff. (90).

kein Schaden entstanden ist (§ 309 Nr. 5b) BGB). Den Nachweis des geringeren Schadens wird der Kunde in der Regel nicht führen können. So verbleibt, die Klausel zu prüfen. Ist sie unwirksam, muß der Verwender seinen Schaden nach den allgemeinen gesetzlichen Grundsätzen konkret darlegen, was immensen Aufwand erfordert und ihm auch in den seltensten Fällen gelingen wird. Die Pauschalen sind tatsächlich heimliche „Vertragssträfchen". Genuine Vertragsstrafen wären im übrigen nach § 309 Nr. 6 BGB unwirksam.

Die vorliegende Klausel läßt dem Kunden den Nachweis offen, daß kein oder nur ein geringerer Schaden entstanden ist. Einziger Angriffspunkt ist die Höhe der Pauschale. Hier sind sich die Gerichte uneins. Während das Oberlandesgericht Köln[26] 15% ohne Begründung für unbedenklich hält, meinen die Landgerichte Oldenburg[27] und Hamburg,[28] daß eine solche prozentuale Pauschale im Neu- und Gebrauchtwagenkauf überhöht sei. Wenn Händler nämlich mit Neu- *und* Gebrauchtwagen handeln, ist für sie das Gebrauchtwagengeschäft nur ein Anhängsel, mit dem sie Neuwagenkunden locken, indem sie die alten Autos zu überhöhten Preisen ankaufen und auf diese Weise versteckte Rabatte gewähren, wobei sogar Verluste in Kauf genommen werden. Im reinen Neu- *oder* Gebrauchtwagenhandel wird man eine solche Pauschale allerdings kaum angreifen können. Im vorliegenden Fall jedoch hat W. Glück gehabt. Die Pauschale verstößt nach der oben genannten Rechtsprechung gegen § 309 Nr. 5a) BGB. Wenn der Händler seinen Schaden nicht konkret nachweist, muß K. nichts zahlen.

II. Haustürgeschäfte/ Freizeitveranstaltungen

Nur dann, wenn man beim Vertragsschluß ein Rückgabe- oder Rücktrittsrecht ausdrücklich vereinbart hat, kann man sich von einem Vertrag lösen. Viele Verbraucher glauben jedoch, daß *jeder* Vertrag erst innerhalb einer Woche wirksam wird, weil die Verbraucher in der heutigen Zeit gebührend geschützt seien. Das ist jedoch ein weit verbreiteter Irrglaube, der sich auch rechtsgeschichtlich nicht erklären läßt. In unseren Breitengraden gibt es kein rechtsgeschichtliches Beispiel für eine Überschlafens- oder Überlegensfrist, bis ein Vertrag Rechtskraft erlangt. Das Gegenteil ist der Fall. In früheren Zeiten wachte der Herrgott als himmlischer

---

[26] OLG Köln VersR 1997, S. 627.
[27] LG Oldenburg VuR 1998, S. 89ff.
[28] LG Hamburg NJW-RR 1997, S. 560.

Zeuge über jegliche Vertragsversprechen. Auch heutzutage sind die allermeisten Verträge augenblicklich verbindlich. Im deutschen Recht herrscht der Grundsatz der Vertragstreue. Pacta sunt servanda[29] ist oberster Grundsatz des Vertragsrechts. So kann man nur in ganz bestimmten Ausnahmefällen von einem Vertrag loskommen. Das ist beispielsweise der Fall, wenn der Vertrag im Bereich moderner Vertriebsformen (sogenannter Fernabsatz)[30] wie beispielsweise e-commerce, Teleshopping, e-mail-Vertrieb, Telefax- und Telefonvertrieb geschlossen wurde (§§ 312b fortfolgende BGB).[31]

Von einem Vertrag kann man sich auch dann lösen, wenn man von einem Vertreter an der Haustür, auf der Straße, in öffentlichen Verkehrsmitteln oder am Arbeitsplatz überrascht (§ 312 BGB) und überredet worden ist, glanzvolle aber wertlose Gedenkmünzen zu kaufen, einen Zweitstaubsauger anzuschaffen oder eine Zeitschrift zu abonnieren. Dann kann man diese Verträge innerhalb einer Überlegensfrist (zwei Wochen) widerrufen. Das gilt ebenfalls für sogenannte Verkaufsparties, wo man luftdichte Plastikdosen für die Küche, Kosmetik und Dessous zu enormen Preisen kaufen kann. Bei sogenannten Ausflugs- und Kaffeefahrten werden Kochtöpfe[32] (3.500,- Euro), Heizdecken (500,- Euro), magnetische Matratzen (2.000,- Euro) und Betten (2.500,- Euro) zu Preisen angeboten, die einem zu Hause den Atem stocken lassen. Auch solche Verträge kann man widerrufen. Kunden sollen sich von Verträgen lösen können, die infolge einer Überrumpelung auf einem übereilten Entschluß beruhen und ihnen Leistungen verschaffen, für die oft kein richtiger Bedarf besteht und deren Entgelt ihren finanziellen Mitteln nicht entspricht, das heißt: hier soll der Überforderung des Kunden in seiner rechtsgeschäftlichen Entscheidungsfreiheit vorgebeugt werden.[33]

Die Widerrufsfrist für Haustürgeschäfte beginnt, wenn die Verbraucher eine besondere Belehrung über Art und Umfang des Widerufsrechts erhalten haben (§ 355 Abs. 2 BGB). Dazu gehören Angaben über die Schriftform des Widerrufs, den Ablauf der Frist sowie Name und Anschrift des Widerrufsempfängers. Diese Belehrung muß drucktechnisch deutlich gestaltet und für Normalsichtige gut les-

---

[29] Verträge sind einzuhalten.
[30] Siehe Kapitel B, Teil X, Nr. 1 dieses Buches.
[31] Überblick: *Lorenz, Stephan*: Im BGB viel Neues: Die Umsetzung der Fernabsatzrichtlinie, in: JuS 2000, S. 833ff. (842); kritische Glosse: *Hensen, Horst-Dieter*: Das Fernabsatzgesetz oder: Man könnte heulen, in: ZIP 2000, S. 1151f.
[32] Das Amtsgericht Hamburg (VuR 2003, S. 114ff.) sah den Vertrag über eines dieser kostspieligen Topfsets als sittenwidrig an und verneinte den Zahlungsanspruch des Verkäufers.
[33] BGH NJW 1993, S. 1013f.

bar sein.[34] Die Widerrufserklärung muß innerhalb der Frist abgesandt werden. Sie braucht nicht begründet zu werden (§ 355 Abs. 1 BGB). Fehlt die Widerrufsbelehrung oder ist sie unvollständig, so beginnt die Frist nicht zu laufen. Diese Fälle sind aber in der Praxis mittlerweile selten. Die beiden Hauptprobleme der Praxis sind in den zwei nachfolgenden Fällen dargestellt.

1. Freizeitveranstaltungen

Belustigungen sind der Deutschen Vorrecht. Tausende strömen zu Verbrauchermessen, um sich zu amüsieren. Mit Kind und Kegel laufen sie dort auf, weil den Kindern der monatliche Besuch in der Tiervollzugsanstalt zu langweilig ist. Familie Wiedehopf beispielsweise amüsierte sich auf der *Stoppelwiese*. Die *Stoppelwiese* findet jährlich statt. Sie dauert zwei Wochen. Die auch am Wochenende stattfindenden Darbietungen werden „für die ganze Familie" angepriesen. Das Gelände ist umzäunt und in zwei Bereiche aufgeteilt. Der größere Teil ist mit Karussells und Freßbuden verstellt. Dort kann man sich amüsieren. Bauern handeln dort mit Vieh, das die Kinder streicheln dürfen. Artisten, Gaukler, Bauchredner und Seiltänzer heitern die Kleinen zusätzlich auf. Schlauchähnlich abgetrennt durch ein Festzelt, gibt es noch einen Bereich, in dem zwischen Getränke- und Süßigkeitenständen auch Firmen der Region ihre Produkte ausstellen und zum Teil auch verkaufen. Den Eintritt von 5,- Euro für Einzelpersonen oder 15,- Euro für die Familienkarte löst man für beide Bereiche. Innerhalb der Bereiche kann man ungestört hin- und herlaufen. Herr Wiedehopf wollte ein wenig Ruhe haben und floh in den Schlauch. Dort gönnte er sich einige Biere und Zigaretten. Wohlgelaunt wollte er gerade den Schlauch verlassen, als sein Blick auf den Verkaufsstand der Heizungsfirma *Zaunkönig* fiel. Eine neue Heizung war fällig, und Herr Wiedehopf hatte zufällig gerade so gute Laune, daß er sich gewachsen fühlte, es mit diesem trübseligen Alltagsproblem aufzunehmen. Nach einem längeren Gespräch unterzeichnete er einen Vertrag, der vorsah, daß im nächsten Sommer eine neue Heizung zu einem Festpreis von 9.999,- Euro geliefert und eingebaut werden sollte. *Festpreis*, was das bedeutete, hatte ihm ein befreundeter Jurist eingebleut. Herr W. rieb sich die Hände. Das hatte er prima hinbekommen. Frau W. fand das gar nicht. Als die Sache herauskam, holte sie telefonisch rasch einige Angebote ein. Sie waren alle wesentlich billiger als der Festpreis. „Nicht so schlimm", sagte Herr W., „wir widerrufen den Vertrag. Ist doch keine Woche her. Innerhalb einer

---

[34] BGH NJW-RR 1990, S. 368ff.

Woche kann man jeden Vertrag widerrufen." Das tat er dann auch. Die Heizungsfirma will sich auf den Widerruf nicht einlassen und schaltet einen Anwalt ein, der drohende Briefe schreibt.
Wie ist die Rechtslage?

Freizeitveranstaltungen, die bloße *Gewinnabholungsveranstaltungen* sind, bei denen ahnungslose Kunden überredet werden sollen, Anteile von Dauerwohnrechten für Ferienwohnungen in Form von Time-Sharing-Verträgen[35] zu erwerben,[36] fallen ebenso wie die sogenannten Kaffeefahrten oder auch Weinproben[37] unter den Begriff der Freizeitveranstaltung im Sinne des § 312 Abs. 1 Nr. 2 BGB. Problematisch hingegen sind Ausstellungen und Messen, bei denen Unterhaltungs- beziehungsweise Freizeitangebot und Verkaufsveranstaltungen miteinander gekoppelt sind. Hier ist sich die Judikatur uneins. Der Verbraucher soll davor geschützt werden, in freizeitlich unbeschwerter Stimmung Geschäfte abzuschließen, von denen er bei gehöriger Überlegung Abstand genommen hätte. Der Schutz richtet sich auch darauf, daß Gruppenzwang oder Dankbarkeit für die gebotene Unterhaltung die auf den Vertragsschluß gerichtete Willenserklärung beeinflussen. Kann ein Kunde auf der Veranstaltung ohne weiteres in der Anonymität der Besuchermasse untertauchen, kommt der Schutz des Gesetzes kaum noch in Betracht.[38] Von einer Freizeitveranstaltung kann nur dann gesprochen werden, wenn Freizeitangebot und Verkaufsveranstaltung derart miteinander verwoben sind, daß der Kunde den Blick für die Verkaufsveranstaltung verliert. Die *Stoppelwiese* hat ein so breites Freizeitangebot mit Unterhaltungen für die ganze Familie vorzuweisen, daß Verbraucher mit Familien geradezu angelockt werden. Das Unterhaltungsprogramm steht eindeutig im Vordergrund ähnlich wie bei der *Mittelsachsenschau* in Riesa.[39] Die *Stoppelwiese* trennt allerdings Freizeitvergnügen und Verkauf in zwei Bereiche. Im Verkaufsbereich hätte sich Herr Wiedehopf ohne weiteres dem Vertragsabschluß entziehen können. Übertriebene Dankbarkeit gegenüber den einzelnen Ausstellern ist bei dem geforderten Eintrittspreis nicht anzunehmen. Der Fall liegt wohl ähnlich wie bei der Messe *Haus Garten Freizeit* in Leipzig, bei der das OLG Dresden ein Widerrufsrecht verneint und gemeint

---

[35] Solche Verträge kann man gegebenenfalls auch nach den §§ 481ff. BGB widerrufen.
[36] Vgl. OLG Schleswig-Holstein BB 1998, S. 236f.
[37] LG Braunschweig NJW-RR 1989, S. 1147f.
[38] BGH NJW 1992, S. 1889f. („Grüne Woche"/Berlin). Der BGH verneinte eine Freizeitveranstaltung und bestätigte diese Auffassung zehn Jahre später mit Vehemenz (BGH NJW 2002, S. 3100ff. und BGH NJW 2004, S. 362ff.).
[39] OLG Dresden BB 1997, S. 2071ff. Das Gericht bejahte eine Freizeitveranstaltung.

hat: „Vor der allgemeinen, hier nicht durch ein typisch freizeitliches Moment erhöhten Gefahr schließlich, in ein Gespräch mit psychologisch gut geschulten Verkäufern, gegenüber denen das Weggehen häufig schwerfällt, verstrickt und letztlich zu wenig bedachten Bestellungen verleitet zu werden, waren die Besucher nicht geschützt."[40]
Zaunkönig muß den Widerruf nicht akzeptieren.

2. Antwortpostkarte

Aber wenn man das Wort „Warum hört, weiß man, daß man es mit einer der größten unbeantworteten Fragen zu tun hat, zum Beispiel: „Warum werden wir geboren?" oder „Warum sterben wir?" und „Warum kriegen wir in der Zeit dazwischen so viele unerwünschte Reklamesendungen.?"[41]

Waldo Waldkauz wird mit Werbesendungen förmlich überflutet. Aber Waldo liebt die vielen bunten Bilder und das Hochglanzpapier. So viel - alles nur für ihn. Er muß wichtig sein. Schön. Waldo findet eines Tages eine Hauswurfsendung, mit der die Firma *Lama* für Fenster und Fassadenarbeiten warb. Der Wurfsendung beigelegt war eine Antwortpostkarte, mit der man weiteres Informationsmaterial bestellen konnte. Das tat Waldo. Bald kam der umfangreiche Prospekt. Der Bestellung beigefügt war ein weiterer Farbprospekt über Werbegeschenke und eine weitere Antwortpostkarte. Dem Empfänger wurde versprochen, bei Rücksendung der Antwortpostkarte ein „Gratis-Geschenk" zu erhalten: „Postkarte sofort ausfüllen - portofrei absenden - Angebot konkretisieren - Gratis-Geschenk in Empfang nehmen - also die Karte sofort in den Briefkasten werfen." Waldo konnte nicht anders und unterschrieb die Karte, auf der folgender Text abgedruckt war: „Ja, wir interessieren uns für ihr Bauelementeangebot, haben Ihre Preise geprüft und wünschen konkrete Vertragsvereinbarungen. Wir haben uns für folgendes Geschenk entschieden [...]. Wenn beide Ehepartner beim Besuch zu Hause sind, wartet eine tolle Überraschung auf sie." In der Tat. Am 19.02.2002 tauchte der Vertreter der Firma auf und schwuppdiwupp hatten die Eheleute Waldkauz einen tollen Vertrag über neue Kunstoff-Fenster für 6.000,- Euro und eine neue Fassade

---

[40] OLG Dresden VuR 1999, S. 282ff. (283); gleichfalls keine Freizeitveranstaltungen sind: Die *Hafa* (Ausstellung für Hauswirtschaft und Familie) in Bremen (LG Bremen NJW-RR 1988, S. 1325); die *Unterland-Schau* in Heilbronn (LG Heilbronn NJW-RR 1989, S. 1145ff. mit philologischen Erwägungen zum Begriff der *Freizeitveranstaltung*); die Ausstellung *Harz und Heide* in Braunschweig (LG Braunschweig NJW-RR 1992, S. 1401f.).

[41] *Adams, Douglas*: Lachs im Zweifel, München: Heyne 2003, S. 44.

für 24.000,- Euro unterschrieben. Sie kündigten diese tolle Überraschung mit einem Schreiben, das der Firma *Lama* am 10.03.2002 zuging. Mit Anwaltsschreiben vom 13.03. widerrief das Ehepaar unter Bezugnahme auf die Paragraphen 312 und 355 BGB beide Verträge, die keine Belehrung über die Möglichkeit eines Widerrufs enthielten. Der Rechtsanwalt der Firma *Lama* vertritt den Standpunkt, bei der zweiten Antwortkarte handele es sich um eine vorhergehende Bestellung im Sinne des Paragraphen 312 Abs. 3 Nr. 1 BGB und macht gegen die Waldkäuze den in ihren Geschäftsbedingungen für den Fall der unberechtigten Lossagung vom Vertrag vorgesehenen pauschalierten Schadensersatz in Höhe von 10% geltend. Diese wiederum meinen, sie hätten wirksam den Vertrag widerrufen. Wer ist im Recht?

Die Firma *Lama* hat nur in dem Fall einen Anspruch auf pauschalierten Schadensersatz,[42] wenn die Verträge über Fenster und Fassade rechtsgültig sind. Das aber ist nur dann der Fall, wenn das Ehegespann Waldkauz die Verträge nicht rechtswirksam widerrufen hat. Die versäumte Widerrufsfrist hindert den Widerruf nicht, weil die Widerrufsbelehrung fehlt (§ 355 Abs. 2 BGB). § 312 Abs. 3 Nr. 1 BGB sieht allerdings vor, daß kein Widerrufs- oder Rückgaberecht besteht, wenn der Kunde den Vertragspartner zu sich bestellt hat. Hier liegt das Problem des Falls. Eine vorhergehende Bestellung setzt voraus, daß der Verbraucher selbst um Vertragsverhandlungen gebeten hat; maßgebend ist, ob der Vertreterbesuch auf der freien und den Beeinflussungsmöglichkeiten durch die Gegenseite soweit wie möglich entzogenen Entscheidung des Kunden beruht. Waldo Waldkauz hat zwar mit der Rücksendung der Antwortpostkarte um Vertragsverhandlungen nachgesucht. In diesem Fall basierte die Anforderung des Vertreters allerdings nicht auf einer freien Entscheidung, sondern war provoziert. W. wurde eine kostenlose Leistung versprochen. „Die Ausnutzung einer Werbung stellt aber einen besonders krassen Fall einer provozierten Bestellung dar. Denn durch das Inaussichtstellen einer unentgeltlichen Zuwendung wird der betroffene Verbraucher förmlich dazu ‚verlockt', die Antwortkarte zurückzusenden."[43] Firma *Lama* kann sich wegen dieser Provokation zur vorhergehenden Bestellung nicht auf die Ausnahmeregelung des § 312 Abs. 3 Nr. 1 BGB berufen; die Waldkäuze haben die Verträge wirksam widerrufen und müssen den pauschalierten Schadensersatz nicht leisten.

---

[42] Siehe dazu die Kapitel B, Teil I, Nr. 5 und Teil V, Nr. 3.
[43] OLG Dresden NJW-RR 1996, S. 578f. (579).

III. Allgemeine Geschäftsbedingungen

Als Verbraucher kann man kaum noch eine Ware erwerben oder eine Dienstleistung in Anspruch nehmen, ohne mit Allgemeinen Geschäftsbedingungen (AGB) konfrontiert zu werden. Im Alltag der Verbraucher spielen individuell ausgehandelte Verträge heutzutage nur noch eine untergeordnete Rolle. Das wäre an sich nicht weiter bedenklich, wenn nicht die Geschäftsbedingungen die Rechtslage kontinuierlich zu Ungunsten der Kunden verändern würden, jedenfalls soweit sie sich im Rahmen der §§ 305ff. BGB halten. Verstößt eine Klausel gegen das Gesetz, gelten die allgemeinen Regeln des Bürgerlichen Gesetzbuches. Geschäftsbedingungen zielen darauf ab, den Kunden in die Vertragswelt des Verwenders zu verschleppen. Das Aushandeln eines Konsenses über die wesentlichen Vertragspunkte findet nicht mehr statt. Vielmehr wird auf Einseitigkeit gebaut, die gegenerische Unterwerfung unter das eigene Klauselwerk angestrebt.[44] *De facto* ist die Vertragsfreiheit, falls sie für die juristisch nicht vorgebildeten Durchschnittsverbraucher jemals bestanden hat, heutzutage aufgehoben. Im deutschen Recht regieren die Geschäftsbedingungen. Demzufolge spielt das Kleingedruckte auch in den anderen Kapiteln dieses Buches eine Rolle, nämlich beim Kaufrecht,[45] Werkvertrag,[46] Mietrecht[47] und bei der Produkthaftung.[48]

1. Lottogewinner

Alfons Alligator ist Nichttänzer und Lottospieler. Seit dreißig Jahren füllt er samstäglich seinen Schein aus, den er in einem Tabakladen an der Ecke abgibt, weil der Inhaber, Pirmin Piratenbarsch, immer einen guten Witz zu erzählen weiß. So ein Lottoschein ist freilich ein komplexes Ding. Nicht nur, daß dort viele, viele Kästchen aufgedruckt sind, die man puppenlustig ankreuzen kann, auf der Rückseite findet sich auch ein Hinweis auf die Teilnahmebedingungen, die in jeder Lottoannahmestelle aushängen, auch im Tabakladen. Eines Samstages hatte der Kurierfahrer die Scheine der Spiellustigen abgeholt und auf dem Weg zur Lottozentrale nur kurz einmal angehalten, um sich eine Bratwurst zu gönnen. Den Mo-

---

[44] Ähnl.: *Schmidt, Eike*: Grundlagen und Grundzüge der Inzidentkontrolle allgemeiner Geschäftsbedingungen nach dem AGB-Gesetz, in: JuS 1987, S. 929ff. (930).
[45] Kapitel B, Teil I.
[46] Kapitel B, Teil IV.
[47] Kapitel B, Teil VII.
[48] Kapitel B, Teil IX.

tor ließ er laufen, die Tür unverschlossen, während er die Bratwurst schlang. Als er sich den Mund abwischte, war das Fahrzeug samt Lottoscheinen gestohlen worden. Gerade an diesem Tag hätte Alfons Alligator 1.000.000,- Euro gewonnen. Schade. Die zunächst in Anspruch genommene Lottogesellschaft lehnte eine Schadensersatzleistung mit dem Hinweis darauf ab, daß nach ihren Bedingungen der Spielvertrag erst mit Eingang des Lottoscheins in der Zentrale zustande komme. Von einer Klage gegen die Lottogesellschaft oder den Kurierfahrer versprach sich Alligator keinen Erfolg. Er verklagte nach vier Monaten die Transportfirma. Diese wiederum berief sich auf die Teilnahmebedingungen, nach denen sämtliche Ansprüche aus dem Spielvertrag nach drei Monaten erlöschen, falls sie nicht gerichtlich geltend gemacht werden. Alligator meinte, daß er als Lottospieler darauf vertrauen dürfte, daß die bei den Annahmestellen abgegebenen Lottoscheine von zuverlässigen Personen sicher und pünktlich zur Lottozentrale gebracht würden. Außerdem verkürze die Klausel die regelmäßige Verjährungsfrist unangemessen. Wird Alligator doch noch Lottomillionär?

Das Lottospiel hat schon den Bundesgerichtshof beschäftigt. Das Gericht mußte sich mit einer Spielergemeinschaft beschäftigen, die gewonnen hätte, wenn der dafür turnusmäßig zuständige Spieler die Lottoscheine korrekt ausgefüllt und abgegeben hätte. Der BGH verneinte eine Einstandspflicht, weil die Schäden die aus einer Pflichtverletzung für die unentgeltliche Geschäftsbesorgung entstehen, so außergewöhnlich hoch sein können, daß sie unter Umständen die gesamte Existenz des Mitspielers vernichten.[49] Daraus kann man lernen, daß man alles, was man für wichtig hält, ausnahmslos höchstpersönlich erledigen muß. Aber selbst dann kann es noch genügend Probleme geben. Ist der Lottoschein abgegeben, heißt das, wie der vorliegende Fall zeigt, noch nicht, daß man zu seinem Gewinn kommt. Das ganz besonders, wenn man die Ausschlußfrist für die Geltendmachung seines Anspruchs verpaßt, wie Alligator. Eine solche Ausschlußklausel ist nicht überraschend im Sinne des § 305c BGB, weil in Teilnahmebedingungen bei Wettspielen mit einer solchen Klausel gerechnet werden muß, denn Wettunternehmer haben ein besonderes Interesse daran, die jeweilige Wettveranstaltung und die damit zusammenhängenden Ansprüche möglichst schnell abzuwickeln und gerichtlich zu klären.[50] Die Spielteilnehmer werden durch diese Klausel auch nicht unangemessen benachteiligt. Die Frist von drei Monaten gibt ihnen genü-

---

[49] BGH NJW 1974, S. 1705f.
[50] OLG Celle NJW-RR 1986, S. 833f.

gend Zeit, um die Aussichten einer Klage abzuwägen. Eine Verkürzung der Verjährungsfristen ist grundsätzlich zulässig. Obwohl es darauf nicht mehr ankommt: Die Personen, welche die Lottoscheine zu den Annahmestellen ausfahren, müssen nicht ganz besonders zuverlässig sein, sondern nur durchschnittlich zuverlässig, weil dies ansonsten zu einer Erweiterung der Eigenhaftung der Erfüllungsgehilfen der Lottogesellschaften führen würde, die wegen des damit verbundenen großen finanziellen Risikos nicht zu vertreten wäre.[51]
Der vorliegende Fall spielt sachverhaltsbedingt, weil an ältere Jurisdiktion angelehnt, im verflossenen Millennium. Lottoscheine werden heutzutage nicht mehr von bratwurstschlingenden Kurierfahrern ausgefahren, die Daten werden vielmehr auf Datenautobahnen transportiert, was Unfälle nicht ausschließt. Jedenfalls befürchten das anscheinend die Wettunternehmer, die sich gemäß der Teilnahmebedingungen von Schäden, die durch die fehlerhafte Weiterleitung der Daten entstehen, freizeichnen, wobei es dabei verbleibt, daß Ansprüche aus der Spielteilnahme nach drei Monaten erlöschen. Zu beachten ist auch, daß § 309 Nr. 7 b) BGB nicht für staatlich genehmigte Lotterie- oder Ausspielverträge gilt.

2. Rückversandkosten

Ludwig Luchs ist Sammler. Er sammelt Mode aus den 70ern, Plastikbecher und CDs aller Couleur. Bei *Papagei*, einem Versandhandel für Compact Discs bestellt L. eine CD von *Desaster Area*, der ohrenzerreißendsten Band des Universums. Als die CD geliefert wird, muß Luchs auf den Genuß dieses musikalischen Kleinods verzichten. Die CD ist defekt. Was nun? L. blättert im Katalog von P. und findet folgende Allgemeine Geschäftsbedingung:

(...)
Wird das Widerrufsrecht ausgeübt, trägt der Käufer die Kosten der Rücksendung, wenn die Bestellung den Wert von 40,- Euro nicht überschreitet.
Bei fristgerechter, berechtigter Mängelrüge und vom Absender/Käufer freigemachter Warenrücksendung erstatten wir den Kaufpreis zurück. Wir behalten uns vor, bei einem Bestellwert unter 40,- Euro auf Verlangen auch die günstigsten Rückversandkosten mitzuerstatten (Kulanz).
(...)

---

[51] A.a.O., S. 834.

Wütend schickt er die Geschäftsbedingungen an die Verbraucherzentrale, die *Papagei* erfolglos abmahnt, diese Geschäftsbedingung nicht mehr zu verwenden. Sie erhebt schließlich Klage und klagt auf Unterlassung. Wie wird das Gericht entscheiden?

Das Verbandsverfahren[52] nach dem Unterlassungsklagegesetz (UKlaG) ist ein Kernstück des Verbraucherschutzes, denn Schutzobjekt ist nicht der einzelne, von einer unwirksamen Klausel betroffene Verbraucher, sondern der Rechtsverkehr, der von der Verwendung unwirksamer Klauseln freigehalten werden soll. Im Verbandsverfahren sind diejenigen Verbraucherverbände klagebefugt, die durch Aufklärung und Beratung Verbraucherinteressen wahrnehmen. Zu nennen sind hier vor allem die 16 Verbraucherzentralen der Bundesländer und deren Bundesverband (vzbv). Die Verbraucherzentralen samt Bundesverband sind anspruchsberechtigte Stellen im Sinne des UKlaG. Der vzbv und alle Verbraucherzentralen sind in der Liste des Bundesverwaltungsamtes eingetragen (§ 4 UKlaG) und können Verwender von Allgemeinen Geschäftsbedingungen abmahnen.

Im Verbandsprozeß werden die Geschäftsbedingungen, wenn eine Klausel unklar ist, nach der kundenfeindlichsten Alternative ausgelegt. Im vorliegenden Fall ist die Klausel so zu verstehen, daß der Käufer bei fristgerechter und berechtigter Mängelrüge sein Geld nur zurückerhält, wenn er die Ware auf seine Kosten zurücksendet. Diese Regelung benachteiligt einen nichtkaufmännischen Besteller unangemessen, weil sie mit wesentlichen Grundgedanken der gesetzlichen Regelung, von der abgewichen wird, nicht zu vereinbaren ist (§ 307 Abs. 2 Nr. 1). Der Grundgedanke des Gesetzes ist: Besteht ein Widerrufsrecht, ist es möglich, die Kosten der Rücksendung auf den Käufer abzuwälzen, sofern der Wert der bestellten Waren 40,- Euro nicht übersteigt. Das gilt allerdings nicht, sofern die gelieferte Ware nicht der bestellten entspricht (§ 357 Abs. 2 Satz 3). Ist die Ware mangelhaft, weil etwas Falsches geliefert worden ist oder weist die Ware einen Fehler auf, muß der Unternehmer die Kosten des Rückversandes übernehmen. Das gleiche gilt, wenn der Unternehmer das Widerrufsrecht durch ein Rückgaberecht ersetzt hat. Auch dann gilt die Kostenregelung des § 357 Abs. 2 Satz 3 nicht. Der Käufer schuldet nur, die Leistung zurückzugewähren. Er muß den Verkäufer nur in die Lage versetzen, über die Ware zu verfügen. Die Kosten des Rücktransports richten sich nach § 269 BGB (Erfüllungsort) und sind deshalb (nicht als

---

[52] Lesenswert: *Schmidt, Eike*: Verbraucherschützende Verbandsklagen, in: NJW 2002, S. 25ff.

Vertragskosten) vom Verkäufer zu tragen, weil der Erfüllungsort für die Rückabwicklung der Ort ist, an dem sich die Sache vertragsgemäß befindet.

Die unangemessene Benachteiligung wird nicht gemildert durch den Zusatz, daß die Beklagte auf Verlangen auch die günstigsten Rückversandkosten miterstatten könne (Kulanz). Damit wird dem Käufer schon kein Rechtsanspruch auf eine kundengünstigere Behandlung gewährt. Das Entgegenkommen steht ausschließlich im Belieben der Beklagten. Zudem wird die Wirkung der ersten Klausel durch diesen Satz eher vertieft. Beim Käufer wird nämlich der Eindruck verstärkt, die Beklagte sei sich der von ihr beanspruchten Rechtslage sicher, weshalb sie sich nach Gutdünken dem Kunden gegenüber großzügig zeigen könne. Damit aber trägt die Klausel eher noch mehr dazu bei, Kunden den Rechtsvorgaben in der Klausel zu unterwerfen und damit eine Wahrnehmung des tatsächlichen Rechtsanspruchs zu vereiteln.[53]

Das Gericht wird *Papagei* dazu verurteilen, es zu unterlassen, in Allgemeinen Geschäftsbedingungen - es sei denn gegenüber einem Kaufmann im Rahmen eines Handelsgeschäfts - diese oder eine inhaltsgleiche Klausel weiterhin zu verwenden.

3. Photomaterial

Hobbyphotograph Herbert Hecht nimmt am liebsten Sonnenuntergänge auf. Herrliche rotglühende Sonnen, die hinter dem Horizont verschwinden (wohin auch immer), die sind sein Gebiet. Auch Akte photographiert er gern, der Hecht. Diese beiden Gebiete kombiniert, bringen ihn zur Entrückung, während andere, emotionslose Juristen beispielsweise, dies doch eher für Banausentum und Kitsch halten würden. Trotzdem oder vielleicht auch gerade deshalb hatte Hecht schon erste Erfolge mit Ausstellungen. Seine Photos waren schon im Foyer einer Zweigstelle der Sparkasse zu sehen und in einem Imbiß hatte man sie auch ausgehängt. Seine Filme bringt er immer in eine seriöse Drogerie, weil ihm eine diskrete Entwicklung wichtig ist.

Eines Tages verschwindet ein Film mit unsittlichen Sonnenuntergangsmotiven. Hecht will seine Schnappschüsse wiederhaben und zetert und krakeelt. Die Drogerie verweist auf ihre AGB und händigt Hecht einen Ersatzfilm aus. Die Geschäftsbedingungen lauten:

---

[53] OLG Stuttgart VuR 1999, S. 168ff. (170).

(...)
1. Rückgabe von Photomaterial nur gegen Vorlage des Abholausweises.
2. Rückgabe nur (...) innerhalb von drei Monaten.
(...)
4. Bei Verlust von Filmen, Bildern, Dias, Photo-CDs und ähnlichen Photomaterialien wird Ersatz nur in Höhe des Materialwertes geleistet.
(...)

Hecht ist empört, schnaubt im Anwaltsbüro herum und schreit etwas von Todesstrafe, Schadensersatz, Zinsen für unrechtmäßiges Verhalten und Kosten, Nerven, Schmerzensgeld, Fahrgeld, Unterlassung, Beugehaft undsoweiterundsoweiter... (Nichtjuristen bringen ja oft vollkommen durcheinander, was die Juristen korrekt und kunstvoll geordnet haben). Die Geschäftsbedingungen hält er für kunstfeindlich und unwirksam.
Was ist von den Klauseln im Einzelnen zu halten?

Die Klausel Nr. 1 verstößt gegen § 309 Nr. 12 BGB, weil sie die Beweislast zu Lasten des Kunden verändert. Dem Kunden stehen sowohl vertragliche als auch dingliche (§ 985 BGB) Ansprüche auf Rückgabe des Photomaterials zu. Ihm stehen zur Durchsetzung sämtliche zulässigen Beweismittel zur Verfügung, etwa der Zeugenbeweis. Dieser und andere denkbare Beweismittel sollen durch die Klausel ausgeschlossen werden, was durch § 309 Nr. 12 BGB verhindert werden soll.[54]
Die Klausel ist unwirksam.
Die Klausel Nr. 2 verstößt gegen § 307 BGB. Prinzipiell können Verjährungsfristen zwar verkürzt werden. Allerdings ist eine Verjährungsverkürzung nicht zulässig, wenn dadurch die Durchsetzung der Ansprüche des Kunden erheblich erschwert wird, ohne daß dem Verwender der Klausel ein besonderes Interesse an einer solchen Verkürzung zugutekommt.[55] Die meisten Menschen holen ihre Photos alsbald ab, so daß kein erheblicher zusätzlicher Bedarf an Lagerplatz entsteht, wenn man den anderen Kunden dafür mehr Zeit einräumt.[56]
Die Klausel Nr. 4 verstößt gegen § 309 Nr. 7b BGB. Danach ist ein klauselmäßiger Ausschluß für die Haftung und für die Begrenzung der Haftung für grobe Fahrlässigkeit und Vorsatz unwirksam. Die Regelung der Klausel beschränkt die Haftung unabhängig vom Verschuldensgrad, also auch bei Vorsatz und grober Fahrlässigkeit, auf den Ersatz des Materialwertes. Dieser Wert ist aber bei Photo-

---
[54] LG Nürnberg VuR 1999, S. 92ff. (93).
[55] Siehe Fall Nr. 1 in diesem Kapitel.
[56] LG Nürnberg VuR 1999, S. 93.

und Filmarbeiten nicht der einzige Schaden, der dem Kunden entstehen kann. Der wirtschaftliche Wert des Photomaterials mag gering sein, doch unter Umständen kann der Verlust von Photomaterialien für den Kunden auch einen bedeutenden wirtschaftlichen Schaden darstellen. Zu denken ist hier an Photos zu Beweiszwecken, etwa bei einem Verkehrsunfall. Ein entsprechender genereller Haftungsausschluß verstößt gegen § 309 Nr. 7b BGB, so daß auch diese Klausel unwirksam ist.[57]

IV. Werkvertragsrecht

Werkverträge begleiten die Verbraucher durch das ganze Leben. Sie reichen von den Alltäglichkeiten wie der Reinigung des Anzugs und der Reparatur der Schuhe bis hin zur Renovierung oder dem Bau eines Hauses. Und immer ist mit Ärger zu rechnen. Werkverträge ersparen den Richtern die Langeweile, wenn der Pfusch vor die Gerichte gezerrt wird.

Dem Schimpf und dem Spott des Volkes ist das Handwerk seit Alters her ausgesetzt. Angeführt sei hier eine harmlose aber ewig-wahre schwäbische Hausinschrift:

> Behüt uns Gott vor teurer Zeit,
> vor *Maurer* und vor *Zimmerleut*,
> vor die Doktor und Apotheker,
> vor die Heuchler und vor die Schlecker,[58]
> vor *Advokaten* und falschem Geld,
> so gehts uns gut auf dieser Welt![59]

Das alte Handwerkerethos, falls es ein solches jemals gab, ist schon lange verlorengegangen. Heutzutage produzieren die Handwerker in erster Linie bestialischen Lärm zu nachtschlafender Zeit, um zu zeigen, wie fleißig sie sind. Dann stellen sie vielleicht noch das Wasser ab, um drei Tage lang nicht wiederzukommen. Aber bei einem kann man ganz sicher sein: Wenn der Handwerker abrechnet, dann nicht zu knapp. Weil er nicht sehr beliebt ist, muß er das auch, denn er erhält kaum noch Trinkgeld. Da bietet es sich beispielsweise an, für ein zehn Me-

---

[57] A.a.O., S. 94.
[58] Genießer, Naschkatze, Topfnascher.
[59] Zitiert nach: *Keller, Albrecht*: Die Handwerker im Volkshumor, Leipzig: Heims 1912, S. 50. Hervorhebungen von mir.

ter breites Haus dreißig Meter Regenrinne zu berechnen.[60] Der Kunde, weil kein Handwerker, ist bestimmt zu unterbelichtet, um das nachzumessen und zu rechnen.[61] Schnell wird noch der dreifache Stundensatz in die Rechnung geschmiert und dann stimmt das alte Sprichwort wieder - aller Unkerei zum Trotz: Das Handwerk hat goldenen Boden.

1. Sportflieger

Kuno Knurrhahn ist ein begeisterter Sportflieger. Das Fliegen ist ein uralter Traum der Menschen; in den Lüften hoffte man, sich den Göttern nähern zu können. Diese Hoffnung hat sich heutzutage auf das Gebiet der Raumfahrt verlagert, dem Fliegen als solchem aber kaum an Reiz genommen. Die Gefahren des Fliegens unterscheiden sich heutzutage kaum von denen, die in antiken Sagen berichtet werden. Zwar schmelzen die Flügel nicht mehr, wenn man sich der Sonne zu sehr nähert, doch lockere Nieten, Materialermüdung und vor allem mangelhafte Elektronik und menschliches Versagen haben heutzutage den gleichen Effekt. Die Flugzeuge fliegen allesamt sehr hoch. Jeder, der schon einmal vom Zehn-Meter-Brett gesprungen ist, vermag sich Absturz und Aufprall in entsprechender Potenz leicht vorzustellen. So hilft, wenn es endgültig hinabgeht, auch weinen und beten meist nicht. Es ist auch sinnlos, weil, wie schon erwähnt, die Götter den Luftraum meiden.

So ein Flugzeug ist, auch wenn es gerade einmal nicht aus der Luft hinabstürzt, ein kostenintensiver Faktor. Immer muß man etwas daran herumschrauben und herumwarten. K. ließ ein elektronisches Bauteil im Tankanzeigegerät gegen ein neues auswechseln, denn dieses Gerät ist wichtig, wenn man sich in der Luft be-

---

[60] Selbst erlebt!
[61] Rechenkünstler waren die Handwerker allerweil, wovon der Schwank *Die fünf Handwerksburschen auf Reisen* Kunde gibt: „Da zogen einstmals fünf Handwerksburschen aus einem Orte zusammen auf die Wanderschaft und hatten sich gegenseitig versprochen, daß sie sich nicht trennen wollten voneinander. Wie sie nun schon ein gut Stück Wegs gegangen waren, fiel's dem einen plötzlich ein, ob sie wohl auch noch alle fünf beisammen wären, und er machte seine Kameraden aufmerksam darauf. Da standen sie alsbald still, und der eine fing an zu zählen: ‚Das bin ich, eins, zwei, drei, vier!' Ach Gott, wie erschraken sie da, als einer fehlte! Sie zählten nun einer nach dem andern und brachten immer nur vier heraus, weil der Zähler sich selbst überging. Da kam ein Fremder daher und fragte, was sie hätten. Sie sagten's ihm und baten, er solle doch suchen helfen. Der Mann aber riet, sie sollten alle ihre Nasen einmal in dem Kot abdrücken und dann die Löcher zählen. Das taten sie, und da kamen richtig fünf Nasen heraus, und nun wußten sie gewiß, daß sie noch keinen ihrer Kameraden verloren hatten und setzten vergnügt ihre Reise wieder fort." (*Zaunert, Paul* [Hrsg.]: Deutsche Schwänke, Leipzig: Diederichs 1940, S. 22f.).

findet. Man kann ja, wenn der Tank leer ist, nicht einfach auf dem Seitenstreifen der Autobahn ausrollen, wie mit einem Auto. Die Firma *Pinguin* erledigte den Austausch souverän, vertauschte aber die Anschlüsse, so daß das Gerät immer einen vollen Tank anzeigte. K. vertraute, als er das erste Mal nach der Reparatur flog, auf die Anzeige. Als ihm schließlich klar wurde, daß der angezeigte Treibstoffvorrat nicht den Tatsachen entsprechen konnte, berechnete er die noch vorhandene Treibstoffmenge nach den geflogenen Kilometern. Das fatale Ergebnis zwang ihn zu einer sofortigen Notlandung, bei der das Flugzeug schwer beschädigt wurde.

Pinguin will für den Schaden in Höhe von 60.000,- Euro nicht aufkommen, weil das Bauteil nur 20 Cent und der Einbau 20,- Euro gekostet habe. Das stehe in keiner Relation. Sie meint ebenfalls, K. habe alsbald erkennen müssen, daß die Tankanzeige nicht funktioniert habe und nicht erst dann, als der Tank nahezu leer war. Ihn treffe daher ein erhebliches Mitverschulden.
Wer ist im Recht?

K. kann von P. Schadensersatz aus §§ 634 Nr. 4, 280 Abs. 1 BGB fordern. Der Anspruch umfaßt auch Mangelfolgeschäden, das heißt: Schäden, die durch die Mangelhaftigkeit des Werkes an anderen Rechtsgütern des Bestellers hervorgerufen werden. Dabei kommt es unter juristischen Gesichtspunkten nicht darauf an, daß die Folgeschäden die Herstellungskosten unverhältnismäßig übertreffen.[62] Menschen sind mit dem Fliegen überfordert. Sie beobachten die vielen Instrumente in weiten Bereichen unbewußt, solange die Instrumente keine erkennbar außergewöhnliche, eine schnelle Reaktion erfordernde, Meldung geben. Letztendlich bestimmt der Zufall, ob ein Mangel, wie er hier vorliegt, entdeckt wird. Weil die Tankanzeige eben gerade keinen Grund zur Besorgnis signalisierte, trifft K. kein Mitverschulden.
Es ist hier aber als Lösung auch durchaus vertretbar, eine Mitverantwortung (§ 254 BGB) anzunehmen. Der Bundesgerichtshof hat in einem ähnlichen Fall die Frage des Mitverschuldens ausdrücklich offen gelassen und dem Berufungsgericht auferlegt, im Rahmen einer erneuten Verhandlung über diese Frage unter folgender Prämisse zu befinden: „Der Schluß auf eine Fehlfunktion dürfte um so näher gelegen haben, je größer scheinbar mit zunehmender Flugdauer der verbleibende Treibstoffvorrat wurde."[63]

---

[62] Man denke etwa an die Schwimmschalter-Entscheidung (BGHZ 67, 359ff.).
[63] BGH NJW 1993, S. 923ff. (925).

2. Einbauküchen

Einbauküchen sind ulkige Gebrauchsgüter. Man kann damit nicht umziehen, weil sie in die Küche der neuen Wohnung nicht hineinpassen. Auch der Nachmieter möchte sie nie haben. Außerdem bekommt man nach einigen Jahren keine Ersatzteile mehr. Einbauküchen bereiten aber auch den Juristen Kopfzerbrechen. Ein hübsches juristisches Problemchen ist beispielsweise, unter welchen Voraussetzungen Einbauküchen wesentliche Bestandteile einer Wohnung oder eines Hauses sind.[64]

Aber auch ansonsten beschäftigen diese drolligen Konsumgüter oft die Juristen, nachdem sie ihre Käufer zur Verzweiflung getrieben haben. Erika Entenwal zwang ihren Mann, eine Einbauküche anzuschaffen, weil die Nachbarn auch schon eine hatten. Das kommt öfter vor und ist noch nicht weiter tragisch. Abstrus ist dann allerdings meist der Einbau dieser Komplettküchen. Der Liefertermin ist selbstverständlich stets unverbindlich. Sie passen auch nie in die Küche, ohne daß vor Ort gesägt und herumgewurstelt werden muß, obwohl doch alles vorher mit dem Geodreieck bis auf den letzten Millimeter ausgemessen worden ist. Auch werden immer andere als die versprochenen Teile mitgeliefert, falls sie überhaupt geliefert werden. Das war auch hier das Problem. Die Firma schaffte es nicht, trotz diverser Schreiben, telefonischer Mahnungen und persönlicher Besuche, die Spüle anzuschließen, den Geschirrspüler und die Dunstabzugshaube zu liefern. Verschiedene Sockelblenden wurden nicht befestigt, sondern einfach vor die Elemente gestellt, und der Kühlschrank war nur provisorisch in einen Seitenschrank gestellt worden. Die Küche befand sich einen Monat lang in diesem Rohzustand, bis sie vollständig und fachgerecht zusammen- und eingebaut worden war. Die Firma verlangt die Zahlung des restlichen Werklohns in Höhe von 1.000,- Euro. Entenwals zahlen nur 850,- Euro. Gegen den Rest der Forderung rechnen sie mit einer Nutzungsentschädigung von 5,- Euro pro Tag (150,- Euro) auf, weil sie die Küche nur sehr eingeschränkt, ja, eigentlich überhaupt nicht, nutzen konnten.
Zu Recht?

---

[64] Einbauküchen sind in jedem Fall wesentliche Bestandteile, wenn sie nicht ohne weiteres wieder woanders aufgestellt werden können, wenn sie besonders eingepaßt sind oder schon bei der Herstellung des Hauses oder der Wohnung eingesetzt wurden. Nach heutzutage herrschender Verkehrsauffassung in Norddeutschland sind sie stets wesentliche Bestandteile; wohingegen in West- und Süddeutschland eine andere Verkehrsauffassung herrscht.

Zur Nutzungsausfallentschädigung aufgrund Verzugs (§§ 280-286 BGB) bei der Montage von Einbauküchen gibt es widerstreitende Auffassungen. Das Landgericht Kassel verneinte einen ersatzfähigen Schaden mit der Begründung, daß Einbauküchen zum Zeitpunkt der Montage noch gar nicht existieren. Einbauküchen würden nämlich erst durch ihre Montage zu einer nutzbaren Sache. Aus diesem Grunde sei ein Gebrauch nicht möglich und folglich ein Gebrauchsvorteil, dessen man verlustig gehen könnte, vermögensmäßig nicht vorhanden.[65] Das Landgericht Tübingen packte den Fall lebensnäher an und würdigte zutreffend die zentrale Bedeutung der Küche für die menschliche Lebensführung:

> Es liegt auf der Hand, daß die „ständige Verfügbarkeit" einer eingerichteten Küche - nicht nur eines provisorischen Herds und einer aufgestellten Spüle - für einen 3-Familien-Haushalt von zentraler Bedeutung ist. Von einer benutzbaren Küche ist ein Familienhaushalt, insbesondere wenn zu ihm ein dreijähriges Kind gehört, schlechterdings abhängig, soll der Haushalt auch nur einigermaßen funktionieren. Es gibt auch keine vernünftige Möglichkeit, sich angemessen und zumutbar anderweitig zu behelfen [...]. Der Entgang der Gebrauchsmöglichkeiten an der Küche betrifft [...] einen zentralen Punkt der Familiengestaltung und stellt einen zu ersetzenden Vermögensschaden [...] dar.[66]

Das Landgericht Osnabrück sah die Sache ähnlich und sprach die Summe von 2,50 Euro pro Tag als Entschädigung zu.[67] Die Höhe der Nutzungsentschädigung ist recht knauserig. Es mag sein, daß die Kammer nur mit Männern besetzt war, die bei der Aufteilung der anfallenden Hausarbeiten von der Zubereitung des Essens befreit waren und deshalb die Bedeutung des Nutzungsausfalls in diesem Fall nicht recht würdigen konnten. Die hier geltend gemachte Nutzungsausfallentschädigung von 5,- Euro pro Tag ist auch noch recht bescheiden und keineswegs unangemessen. Mit diesem Gegenanspruch haben Entenwals wirksam gegen die Forderung der Firma auf Zahlung des restlichen Werklohns aufgerechnet (§ 387ff. BGB). Die Forderung ist erloschen (§ 389 BGB). Entenwals schulden nichts mehr.

---

[65] LG Kassel NJW-RR 1991, S. 790.
[66] LG Tübingen NJW 1989, S. 1613f. (1614).
[67] LG Osnabrück NJW-RR 1999, S. 349.

3. Kostenvoranschläge

Kostenvoranschläge[68] spielen in der juristischen Praxis eine große Rolle.[69] Sie sind nicht selten Gegenstand gerichtlicher Auseinandersetzungen. Auch Pius Pottwal mußte das erfahren, als er sein Badezimmer renovieren ließ.
Das *Badezimmerrenovieren* ist eine Lieblingsbeschäftigung vieler Leute. In Zyklen, die sich wahrscheinlich an periodisch auftretenden Sonnenerruptionen orientieren, tauschen manche Menschen Teppichboden, Schrankwand, Couchgarnitur und Gardinen aus. Dann werden neue Tapeten geklebt, schließlich wird, wenn der Zyklus sich dem Ende zuneigt, das Badezimmer renoviert.
Pius Pottwal bestellte den Geschäftsführer der *Fliesenglück mbH*, Walter Wabenkröte, in sein trautes Heim. Bevor er den Auftrag für die auszuführenden Arbeiten erteilte, führten die beiden ein Gespräch, in dessen Verlauf der P. den W. fragte, was die Arbeiten voraussichtlich kosten würden. Wabenkröte nannte einen Betrag von 3.500,- bis 4.000,- Euro. Während der Ausführung der Arbeiten erteilte Pottwal noch einige Zusatzaufträge. Nach Abschluß aller Arbeiten stellte W. eine Rechnung in Höhe von 7.500,- Euro aus. Auf diese Rechnung zahlte P. 5.000 Euro. W. verlangt auch die restlichen 2.500,- Euro. P. meint, er müsse nicht zahlen, weil eine festpreisähnliche Vereinbarung getroffen worden sei. W. meint, er habe während des Gesprächs nur eine grobe, unverbindliche Schätzung abgegeben. Zu diesem Zeitpunkt sei nämlich noch gar nicht absehbar gewesen, welchen Umfang die auszuführenden Arbeiten haben würden. Wenn P. nicht innerhalb einer Woche bezahle, werde ohne weitere Vorwarnung geklagt, fertig.
Wer ist im Recht?

W. hat einen Anspruch gemäß §§ 631 Abs. 1, 632 Abs. 2 BGB auf die übliche Vergütung, wenn die Parteien keine besondere Vereinbarung über die Vergütung getroffen haben. Die Erklärungen von W. sind nicht als *Festpreisversprechen* zu beurteilen, das als verbindliche Kostengarantie zu qualifizieren wäre. Abgesehen davon, daß W. nicht einmal das Wort *Festpreis* fallen läßt, ist die genannte Preisspanne variabel. Die Erklärungen können allenfalls als (unverbindliche) Kostenvoranschläge gewertet werden. Ein Kostenvoranschlag ist, obwohl er in Maßen überschritten werden kann, rechtlich allerdings auch nicht vollkommen bedeutungslos. Erweist sich der Kostenvoranschlag später als unrichtig, so können

---

[68] Beachte § 632 Abs. 3 BGB.
[69] Vgl. etwa: *Rohlfing, Bernd* und *Thiele, Markus*: Überschreitung des Kostenvoranschlags durch den Werkunternehmer, in: MDR 1998, S. 632ff.

dem Besteller gegen den Unternehmer Schadensersatzansprüche zustehen, mit denen er gegen die Werklohnforderung aufrechnen kann. Hat der Unternehmer schuldhaft einen unrichtigen Kostenvoranschlag aufgestellt, so kann der Besteller von ihm Schadensersatz wegen einer *Pflichtverletzung bei Vertragsschluß* aus den §§ 241 Abs. 2; 311 Abs. 2 Nr. 1 und 2, 280 Abs. 1 BGB verlangen. Für einen solchen Anspruch müßte P. aber darlegen, daß W. die Kosten zu niedrig geschätzt hat und er deshalb günstigere Angebote ausgeschlagen hat. P. könnte schließlich einen Schadensersatzanspruch wegen einer Pflichtverletzung (§ 280 Abs. 1 BGB) haben, wenn W. es unterlassen hat, ihm unverzüglich Anzeige zu machen, als eine wesentliche Überschreitung des Kostenvoranschlages zu erwarten war (§ 650 Abs. 2 BGB). Die Schadensersatzpflicht besteht darin, daß der Unternehmer den Besteller so stellen muß, als habe er ihm die Überschreitung rechtzeitig angezeigt. In diesem Falle hätte der Besteller nämlich das Vertragsverhältnis kündigen können und dem Unternehmer nur eine Teilvergütung für die bisher geleistete Arbeit zahlen müssen (§§ 650 Abs. 2, 645 Abs. 1 BGB). Diese Schadensersatzpflicht entfiele allerdings, wenn der Besteller auch bei rechtzeitiger Anzeige der Kostenüberschreitung den Vertrag nicht gekündigt hätte. Auch hier hat W. nicht einmal behauptet, daß er den Vertrag gekündigt hätte, wenn ihm im Laufe der Renovierungsarbeiten mitgeteilt worden wäre, daß eine Überschreitung des Kostenvoranschlags zu erwarten sei. Aber selbst dann müßte er sich auf seinen etwaigen Schadensersatzanspruch den höheren Wert anrechnen lassen, den er dadurch erlangt hat, daß W. die Arbeiten in vollem Umfang ausgeführt, also auch diejenigen Leistungen erbracht hat, die bei einer vorzeitigen Kündigung des Vertrages entfallen wären.[70]

P. sollte daher, weil er keine schriftliche *Festpreisvereinbarung* vorweisen kann, geschwind zahlen.

4. Rohrreinigungsdienste

Siegfried Sägefisch ist kein Freund von Sonntagen, da ist er oftmals *stübig*.[71] Dieser Wochentag zeichnet sich neben seiner Tristesse dadurch aus, daß mindestens ein Unglück passiert und sei es nur, daß eine schwarze Socke in die Kochwäsche gerät, was, wenn zusätzlich der Himmel *nießgrau*[72] triumphiert und Mami auf den Anrufbeantworter geplappert hat, bei *moosenden*[73] Gemütern den vagen

---

[70] Vgl. OLG Frankfurt NJW-RR 1989, S. 209f.

Impuls zu einem freiwilligen Abtritt aus dem irdischen Jammertal auszulösen vermag.

An einem Sonntagnachmittag war die Toilette verstopft. Eigentlich nicht weiter dramatisch, doch so sehr Sägefisch sich auch mit dem Pümpel abmühte, er bekam den Lokus nicht wieder frei. Eilig telefonierte er den Notdienst herbei. Es kam Rudi Raubkäfer, der Chef von ASD (*Abfluß-Schnell-Dienst*), persönlich und schleppte die tropfenden Spezialgeräte über den frisch gesaugten Teppich ins Bad. Dann legte er lustig los und brachte Rohrortungsvideogerät, Fräsgeräte, Hochdruck-Spülwagen und Abflußsauger zum Einsatz. Von Sägefisch ließ er sich die präsentierte Rechnung unterschreiben: „Alle Arbeiten ordnungsgemäß durchgeführt. Rechnung geprüft und genehmigt." Sägefisch unterschrieb, weil ihm überaus schwindelig geworden war, betrug doch die Rechnung einschließlich Schmutz- und Notdienstzuschlag sage und schreibe 3.000,- Euro. „Ist ja auch Wochenende. Wochenende ist immer ein bißchen teurer", murmelte Raubkäfer und zeigte auf die AGB. Dort stand unter anderem:

1. Die oben angegebenen Arbeiten und derzeitigen Preise sowie die umseitig genannten Geschäftsbedingungen der Firma ASD erkenne ich in vollem Umfang an.
2. Für alle Arbeiten außerhalb der Geschäftszeiten berechnen wir auf die Meterpreise, Stundenlöhne, Einsatzkosten, An- und Abfahrkosten nach 22.00 Uhr und an Sonn- und Feiertagen 100% Zuschlag.
3. Die Schmutzzulage für Monteure beträgt bei allen Stichleitungen, zum Beispiel Küche und WC, 75% und bei Fall- und Grundleitungen 100%.

Wie ist die Rechtslage?

Schlüssel- und Rohrreinigungsnotdienste sind moderne Raubritter, die im Branchenbuch lauern. Der elektronische Klimbim, der den Kunden in Rechnung

---

[71] Vorübergehend unfähig, etwas anderes zu tun, als zu Hause vor dem Fernseher zu hocken und den Nachmittag zu verschenken, indem man sich einen alten Spielfilm ansieht. (*Adams, Douglas, Lloyd, John; Böttcher, Sven*: Der tiefere Sinn des Labenz: Das Wörterbuch der bisher unbenannten Gegenstände und Gefühle, Hamburg: Rogner & Bernhard 1993, S. 151).

[72] Regnerisch, verhangen und unwahrscheinlich deprimierend. Beschreibt das übliche Wetter in Städten wie Hamburg [und Bremen nicht zu vergessen] oder London, und ist in vielen Fällen die Ursache dafür, daß man sich entsetzlich beselicht [auf vollkommen unerklärliche, verwirrende Art und Weise wegen allem und jedem verwirrt], mödesse [die Anordnung der eigenen Möbel oder die Möbel selbst satt habend], oder stubig [vorhergehende Fußnote], fühlt und zu moosen [nächste Fußnote] beginnt. (A.a.O., S. 46, 107, 114).

[73] Sich so unsäglich langweilen, daß man nur noch reglos und resigniert auf dem Sofa sitzen und die Tapete anglotzen kann. (A.a.O., S. 108).

gestellt wird, ist so gut wie nie erforderlich, sondern soll nur die Rechnung in die Höhe treiben. Beliebt ist auch der Trick, die Rohrreinigung nach laufenden Metern des Rohrs und gleichzeitig nach der geleisteten Arbeitszeit abzurechnen. Durch diesen Trick, bei dem auch noch das Doppelte oder Dreifache der tatsächlich gereinigten Rohrmeter berechnet wird, wird die angemessene Vergütung um ein Vielfaches überschritten.

Das Geschäftsgebaren kommt auch in den Allgemeinen Geschäftsbedingungen dieser Firmen zum Ausdruck. Die erste Klausel verstößt gegen § 309 Nr. 12 BGB. Danach ist eine Bestimmung unwirksam, durch die der Verwender die Beweislast zum Nachteil des Kunden ändert, insbesondere indem er den anderen Vertragsteil bestimmte Tatsachen bestätigen läßt. Die Klausel Ziffer 1 enthält eine Erklärung des Unterzeichners, bereits bei Erteilung des Auftrags die derzeitigen Preise und Geschäftsbedingungen zur Kenntnis genommen und anerkannt zu haben. Das ist, genau wie die Bestätigung, daß die Arbeiten ordnungsgemäß durchgeführt worden seien,[74] eine unzulässige Tatsachenbestätigung (Fiktion).[75]

Die zweite Klausel verstößt gegen § 307 Abs. 1 BGB, weil sie den Kunden entgegen den Geboten von Treu und Glauben unangemessen benachteiligt. Eine Preiszuschlagsklausel ist nämlich immer dann als unangemessen zu bewerten, wenn der Verwender nicht im einzelnen darlegt, welche zusätzlichen Kosten anfallen und inwiefern solche Preiszuschläge zur Abdeckung der Mehrkosten erforderlich sind. Hinzu kommt, daß nicht ersichtlich ist, warum sich die Meterpreise und die An- und Abfahrtkosten sich zu den von dieser Klausel umfaßten Zeiten ändern sollten.[76]

Die dritte Klausel schließlich verstößt gegen das Transparenzgebot (§ 307 Abs. 1 Satz 2 BGB). Weder kann der Kunde als Laie die Leitungsarten differenzieren, noch kann er erkennen, in welchen Fällen die Schmutzzulage anfällt. Eine Rohrreinigung ist naturgemäß immer schmutzig; im Extremfall können die Darmausscheidungen an die Decke spritzen. Für den Kunden ist nicht zu erkennen, wann eine Arbeit so schmutzig und ekelerregend ist, daß für den Monteur die Schmutzzulage anfällt.[77]

Das Amtsgericht Langenfeld[78] sprach einem Handwerkernotdienst, der am Wochenende das Dreifache der üblichen Vergütung verlangt hatte, den Anspruch auf

---

[74] LG Köln VuR 1995, S. 56ff. (57).
[75] LG Dortmund VuR 1995, S. 51ff. (51f.).
[76] A.a.O., S. 53f.
[77] LG Düsseldorf VuR 1995, S. 54ff. (55).
[78] AG Langenfeld NJW-RR 1999, S. 1354.

Zahlung des überhöhten Werklohns wegen Wuchers (§ 138 BGB) ab. Im Dreifachen der üblichen Vergütung erblickte das Gericht ein auffälliges Mißverhältnis zwischen Leistung und Gegenleistung und sah auch die subjektiven Voraussetzungen des Wuchers als erfüllt an. Der Handwerkernotdienst habe die Zwangslage des Kunden ausgenutzt, indem er die Beseitigung der Kalamität von der Zahlung eines wucherischen Preises abhängig gemacht habe. Dieser Standpunkt des Gerichts ist eine wirksame Waffe im Kampf gegen die Raubritter, weil sich der Werkvertrag wegen Wuchers als insgesamt nichtig erweist.

V. Pauschalreiserecht

Das Hauptproblem des Pauschalreiserechts[79] sind die Reisemängel. Fast besser, man bleibt daheim: Alle Hotels sind Baustellen, die Toiletten sind immer ekelerregend verschmutzt, das Essen ist scheußlich und mit Salmonellen verseucht, die Bedienung und Rezeption unfreundlich, der Strand dreckig, das Ungeziefer flattert und krabbelt kreuz und quer. Die Wilden sind nicht wild genug; der Abenteuerurlaub zu abenteuerlich oder zu zahm, oder beides.[80] Wenn man eine Karibikkreuzfahrt bucht, muß man damit rechnen, daß das Schiff von Schweizer Folkloregruppen geentert wird, die unter der lateinamerikanischen Sonne das Bordprogramm bestimmen, dem man nicht entfliehen kann: Kuhglocken, Blasmusik, Jodeln, Alphornblasen, Trachtentänze, Chörli-Singen und dergleichen Frohsinn mehr.[81]

An Reisen kann man herummäkeln, wie es beliebt. Wenn man dann noch in fernen Ländern die Maßstäbe anlegt, die manche Leute der eigenen, wie aus dem Katalog entsprungenen und täglich desinfizierten Wohnung angedeihen lassen, kann man meckern, was das Zeug hält. Für die Fehler der Reise kann man, wenn man den Mangel vor Ort anzeigt und spätestens einen Monat nach der Heimkehr beim Reiseveranstalter geltend macht, Minderung verlangen (§§ 651c Abs. 1, 651d, 651g BGB). Die Reisepreisminderung kann man nach der sogenannten

---

[79] Eine Zusammenfassung der meisten reiserechtlichen Probleme bietet: *Tempel, Otto*: Entwicklung und Tendenzen im Reisevertragsrecht - Rückschau und Zukunftsperspektiven, in: RRa 1998, S. 19-38.
[80] Vgl. OLG München OLGZ 1984, S. 235ff.
[81] LG Frankfurt NJW-RR 1993, S. 951f. Das Gericht sprach den Kreuzfahrern einen Minderungssatz von 40% des Reisepreises zu.

Frankfurter Tabelle vornehmen, die das Landgericht Frankfurt entwickelt hat.[82] Die Tabelle führt für verschiedenste Mängel Prozentsätze auf, die man dann addieren und vom Reisepreis abziehen kann (Beispiele: Lärm in der Nacht 10-40%, eintöniger Speisezettel 5%, Ungeziefer 10-50%). Sind die Mängel erheblich, kann man zusätzlich eine pauschale *Entschädigung wegen vertaner Urlaubszeit* verlangen (§ 651f Abs. 2 BGB), die pro Urlaubstag und Person berechnet wird.[83] Man tut gut daran, sich im unteren Rahmen der *Frankfurter Tabelle* zu halten. Die Gerichte scheinen keine Lust (darf ein Gericht sich dem Lustprinzip hingeben?) mehr zu haben, sich mit Reisemängeln zu beschäftigen, seit die Reisepreisminderung zum Volkssport geworden ist. In vielen Fällen werden diese rechtsschutzversicherungsgestützten Klagen ganz abgewiesen oder haben nur zum geringen Teil Erfolg. Exemplarisch sei der „unharmonische Intimverkehr als Reisemangel" angeführt. In dem Fall hatten die sinnenfreudigen Reisenden vorgetragen, die separaten Einzelbetten seien zu schmal gewesen, um feurigen Sex zu haben. Für brünstige Liebeskünste benötige man ein Doppelbett. Das Gericht sagte den Klägern gehörig die Meinung, indem es mit eigenem, außerjuristischem Sachverstand und einer praktischen Idee, die man nicht allen Juristen zutraut, glänzte:

> Dem Gericht sind mehrere allgemein bekannte und übliche Variationen der Ausführung des Beischlafs bekannt, die auf einem einzelnen Bett ausgeübt werden können, und zwar durchaus zur Zufriedenheit aller Beteiligten. [...] Der Kl.[äger] hat ein Foto der Betten vorgelegt. Auf diesem Foto ist zu erkennen, daß die Matratzen auf einem stabilen Rahmen liegen, der offensichtlich aus Metall ist. Es hätte nur weniger Handgriffe bedurft und wäre in wenigen Minuten zu erledigen gewesen, die beiden Metallrahmen durch eine feste Schnur zu verbinden. Es mag nun sein, daß der Kl.[äger] etwas derartiges nicht dabei hatte. Eine Schnur ist aber für wenig Geld schnell zu besorgen. Bis zur Beschaffung dieser Schnur hätte sich der Kl.[äger] beispielsweise seines Hosengürtels bedienen können, denn dieser wurde in seiner ursprünglichen Funktion sicher nicht benötigt.[84]

1. Reisemängel I (Geckos)

Herr und Frau Kabeljau absolvierten eine Hawaii-Rundreise zum Gesamtpreis von 5.999,- Euro. In einer Nacht geschah das Unfaßbare: Vor dem Schlafengehen entdeckten sie drei ekelerregende Geckos an der Zimmerdecke und eine Kaker-

---

[82] NJW 1985, 113ff.; 1994, 1639f.
[83] Zur Berechnung der Entschädigung vgl.: LG Hannover NJW-RR 1989, S. 633ff.; LG Frankfurt NJW-RR 1988, S. 1451ff.
[84] AG Mönchengladbach NJW 1995, S. 884f.

lake in der Größe eines Hirschkäfers. Sie riefen den Empfangschef von der Rezeption herbei. Der konnte auch nur mit den Achseln zucken. Da kein anderes Zimmer zur Verfügung stand, zogen sie noch in der gleichen Nacht aus und suchten die gesamte Umgebung der ihnen fremden Küste ab, um schließlich Unterkunft in einem anderen Hotel zu finden. Ja, so konsequent können Deutsche sein. Durch dieses Abenteuer vollkommen entkräftet, konnten Kabeljaus die für den nächsten Tag angesetzte, ganztägige Tour durch den Urwald nicht mitmachen. Anstatt sich zu freuen, daß sie diversen Giftschlangen, dem Riesen-Querzahnmolch und dem Kommodo-Waran nicht begegnen mußten, verlangten sie Schadensersatz vom Veranstalter für die Ersatzunterkunft und für den Umzug einen Tagessatz in Höhe von 750,- Euro für vertanen Urlaub.

Die Kabeljaus sind, weil die feindliche, wilde Welt, in der man von Idioten umzingelt ist, es geradezu unumgänglich macht, rechtsschutzversichert und erheben Klage.

Der Reiseveranstalter wendet ein, daß die Präsenz der Kakerlake wohl bedauerlich sei, aber in diesen Breiten durchaus Kakerlaken lebten. Geckos seien zum Beispiel auch Kakerlakenfresser. Die Kakerlake an der Decke hätte also, umlagert von drei Geckos, nur noch eine sehr umgrenzte Lebensspanne zur Verfügung gehabt, um Kabeljaus zu belästigen. Geckos[85] seien nützliche kleine Gesellen, die vollkommen harmlos und unschädlich seien. Sie hielten sich nicht in den Betten der Menschen auf und seien keine Krankheitsüberträger, sondern Freunde des Menschen, weil sie Schädlinge vertilgten. Sie seien auf Hawaii geradezu Haustiere, treu und nützlich. Diese Echslein sind unter ihren Fingern und Zehen mit Haftlamellen ausgestattet, so daß sie kopfüber an der Decke entlanglaufen können. Das sei nicht widerwärtig, sondern bewunderns- und beneidenswert. Kabeljaus meinen, daß Biologiebücher und subjektive Ansichten über Ungeziefer mit dem Recht nicht das Geringste zu tun hätten. Das deutsche Recht sei klar wie ein Bergsee, eine Prosa, leicht faßbar wie die Gedichte des jungen Goethe,[86] der auch Jurist gewesen war. Dieses deutsche Recht, das scharfe Präzisionsinstrument, solle nun befragt werden um den Fall zu entscheiden.

Wie ist der Fall zu lösen?

---

[85] Besonders galant ist der Kleine Maskarenen-Taggecko, der auf Mauritius und den Nachbarinseln lebt.

[86] Vgl. *Sina, Peter*: Goethe als Jurist, in: NJW 1993, S. 1430ff.; *Pieroth, Bodo*: Das juristische Studium im literarischen Zeugnis, in: Jura 1995, S. 420ff.; *Brandenburg, Hans-Friedrich*: Warum hat der Dichterjurist Goethe in vierjähriger Advokatentätigkeit nur 28 Prozesse geführt? Ein Beitrag zum Goethejahr 1999, in: NJW 1999, S. 2574ff.

Kabeljaus könnten die geltend gemachten Ansprüche, wobei der verlangte Tagessatz für die vertane Urlaubszeit um ein Vielfaches überhöht ist, nur zustehen, wenn die Reise mit erheblichen Mängeln behaftet war, der Reiseveranstalter keine Abhilfe geschaffen und Kabeljaus zur Selbsthilfe gezwungen waren (§ 651c Abs. 3 BGB). Geckos sind, hier ist dem Vortrag des Reiseveranstalters zu folgen, kein Ungeziefer, sondern putzige und nützliche Tiere, die keinen Mangel begründen. Sehr fraglich ist, ob schon eine einzige Kakerlake auf Hawaii einen Reisemangel darstellt. Selbst wenn man aber einen Mangel unterstellt, könnte man daraus kein Recht zur Selbsthilfe herleiten, weil Reisende nur dann zur Selbsthilfe greifen dürfen, wenn es sich um einen *erheblichen* Mangel handelt. Eine einzige Kakerlake ist aber kein erheblicher Mangel, weil selbst eine Hand voll Kakerlaken keinen Reisemangel darstellen oder nur zu einer geringfügigen Minderung des Reisepreises berechtigten.[87] Erst ein massiver Kakerlakenbefall zieht eine erhebliche Minderung des Reisepreises nach sich.[88]

Unter diesen Umständen muß man auch nicht mehr prüfen, ob in dem Vorbringen des Reiseverantalters, der Gecko habe die Kakerlake gefressen, eine wirksame Abhilfe durch ein Tier zu sehen ist, die - zumindest analog der Lehre von der Zweckerreichung - dem Reiseveranstalter zugutekommt.[89] Man sieht an diesem Fall, daß manchmal auch Biologiebücher auf das Recht abfärben können und daß das dem Recht gut tut.

2. Reisemängel II (Algenpest)

Familie Pelikan buchte eine Ferienwohnung an der italienischen Adriaküste für 999,-Euro. Die Adriaküste sollte es sein, weil im Katalog des Reiseveranstalters dort das Wasser am blauesten, grünblau schimmernd, der Himmel am strahlendsten, der Sand so reichhaltig und fein abgebildet worden war. Selbst die Kinder, obwohl ansonsten Stubenhocker, waren begeistert. Das würde ein toller Badeurlaub werden.

Kurz vor Beginn des Urlaubs gab es Berichte über eine Algenplage, die das Mittelmeer heimgesucht habe. „Alles italienfeindliche Propaganda", wehrte man auf telefonische Nachfrage hin gegenüber Frau Pelikan ab, „das Meer ist wie jedes

---

[87] AG Bonn RRa 1996, S. 220f.
[88] LG Frankfurt NJW-RR 1988, S. 245ff.
[89] Der Fall ist angelehnt an: LG Frankfurt NJW-RR 1992, S. 630f. mit weiteren Nachweisen zur *Kakerlakenrechtsprechung*.

Jahr gut zum Baden geeignet. Ein paar Algen gab es dort wohl schon, doch die hat jetzt ein Sturm hinweggeweht auf das offene Meer. Schönen Urlaub..."

Am Urlaubsort angekommen, mußten die Urlauber jedoch feststellen, daß das Meer sich in eine stinkende, braunschwarze Brühe mit grün schimmernden Schaumkronen verwandelt hatte. Ein bestialischer, fauliger Geruch wehte über den mit Algenleichen verunreinigten Strand. Der Himmel aber war blau, die Sonne lachte. Sie wußte von nichts, wie immer. Die Familie war entsetzt, die Kinder weinten.

Die Wasserqualität des Mittelmeeres war weit schlechter, als die des heimischen Baggersees, dessen Wasserqualität die Familie schon zahlreiche Hautirritationen und langwierige medizinische Behandlungen zu verdanken hatte. Nicht einmal den Hund durfte man dort baden lassen.

Nach zwei Tagen fuhr die Familie zurück an den heimischen Baggersee. Sie verlangt vom Reiseveranstalter die Rückzahlung des Reisepreises. Schon im Katalog sei das Meer als „non plus ultra" gelobt worden. Dann habe die Leiterin des Reisebüros das Meer wahrheitswidrig als zum Baden geeignet angepriesen. Aus diesen Gründen habe man den Reisevertrag kündigen können. Der Reiseveranstalter will nichts zahlen. Schließlich habe man die Pelikans nicht gezwungen, an die Adriaküste zu fahren, das hätten sie freiwillig getan. In ihren Katalogen sei immer alles viel famoser abgelichtet, als im richtigen Leben. Baden habe man auch im Swimmingpool des Hotels können. So sei das eben. Der Reiseveranstalter könne nicht die Lasten und Folgen einer verfehlten Umweltpolitik tragen. Im Grunde genommen sei die Algenpest ein Fall höherer Gewalt.

Wer ist im Recht?

Pelikans haben einen Anspruch auf Rückzahlung des Reisepreises, wenn sie die Reise zu Recht gekündigt haben. Zuerst ist hier an eine Kündigung gemäß § 651e BGB zu denken. Allerdings kann man in der Algenverschmutzung keinen erheblichen Reisemangel erblicken, der dem Veranstalter zur Last fallen würde. Die Algenpest ist ein Naturereignis, auf das der Reiseveranstalter keinen Einfluß hat, dem er nicht abhelfen kann. Solche Naturereignisse gehören zum allgemeinen Lebensrisiko. Die Algenpest könnte Pelikans das Recht zur Kündigung wegen höherer Gewalt an die Hand gegeben haben (§ 651j BGB). Ob nun allerdings eine Algenpest an der Adriaküste höhere Gewalt ist, ist sehr fraglich, weil unter höherer Gewalt (*vis maior*) ein Ereignis verstanden wird, das unabwendbar und unvorhersehbar ist.[90] Das trifft etwa zu für den Reaktorunfall in Tschernobyl im Jahre 1986,[91] den verheerenden Zyklon *Claudette*, der Ende 1979 Mauritius verwüstete[92] oder die politischen Unruhen in China.[93] Damit ist ein Umweltkataströphchen, das jahrelang von Umweltschützern prophezeit wurde, kaum vergleichbar. Das Landgericht Frankfurt[94] hat diesen Punkt, auch wenn es oft anders zitiert wird, ausdrücklich offen gelassen, weil es den Algenpestfall auf andere Weise gelöst hat. Es kommt hier nämlich die für Pelikans viel günstigere Haftung aus einer Garantieerklärung in Betracht. Eine Garantieerklärung kann man allerdings noch nicht aus den Angaben im Prospekt herleiten. Der Reiseveranstalter hat zwar dafür einzustehen, daß die Prospektangaben deutlich lesbar, klar, präzise und richtig sind,[95] aber über die Hermeneutik der Reisekataloge kann man dann trefflich streiten. Allerdings ist eines klar: die Hervorhebung von Meer, Himmel und Sonne ist reine Reklame. Aus reklamehafter Anpreisung dieser Art kann man keinen juristischen Anspruch herleiten. Die Haftung des Reiseveranstalters kommt im vorliegenden Fall jedoch wegen der falschen telefonischen Auskunft in Betracht. Die Abweichung zwischen der tatsächlichen Wasserqualität und der telefonischen Auskunft war so erheblich, daß eine Kündigung gemäß § 651e BGB gerechtfertigt war. Der Reiseveranstalter muß den vollen Preis zurückzahlen. Ihm stehen keine Gegenansprüche nach § 651e Abs. 3 Satz 2 BGB zu, weil die Familie schon nach zwei Tagen wieder abgereist ist. Die Bereitstellung der Ferienwohnung war für sie wegen der kurzen Aufenthaltsdauer ohne Interesse (§ 651e Abs. 3 Satz 3 BGB). Pelikans sind im Recht.

3. Stornokosten

Frau Pauletta von Plattfisch buchte beim Reiseveranstalter *Titanic* für 8.000,- Euro eine Kreuzfahrt, die zu den Wundern des Nils führen sollte. Der Buchung lagen die Reisebedingungen von *Titanic* zugrunde, die Frau von Plattfisch ausgehändigt wurden. Damit beschäftigte sie sich nicht weiter, sondern komplettierte statt dessen lieber ihre Garderobe. Kreuzfahrten sind nämlich kein richtiger Ur-

---

[90] Vgl. BGHZ 100, 185ff. (188). „Nilkreuzfahrt".
[91] BGHZ 109, S. 225ff.
[92] BGH NJW 1983, S. 33ff.
[93] LG Frankfurt NJW-RR 1991, S. 1205f.
[94] LG Frankfurt VuR 1990, S. 160ff. (163).
[95] Vgl. auch: § 1 der Verordnung über die Informationspflichten von Reiseveranstaltern (InfVO).

laub, sondern gesellschaftliche Ereignisse, die ein angemessenes Outfit erfordern. Man darf an Bord nicht etwa lümmelig im Jogginganzug beim Essen neben dem Kapitän herumschmatzen, sondern muß in Abendgarderobe Small-Talk üben. Nur bei schwerer See dürfen auch Kreuzfahrer das tun, was der Wellengang dem Körper aufzwingt. Dafür ist es dann nicht unbedingt nötig, Abendgarderobe zu tragen. Es ist durchaus erlaubt, sich in lässiger Kleidung über die Reling zu lehnen. Frau von Plattfisch hatte schon für jede passende Gelegenheit das entsprechende Gewirk erworben, als plötzlich ihr Mops Otto schwer erkrankte. Unter diesen Umständen konnte sie die Reise natürlich keinesfalls antreten. Sie trat 29 Tage vor dem Beginn der Kreuzfahrt vom Vertrag zurück. *Titanic* aber zauberte die Reisebedingungen hervor und präsentierte Frau von Plattfisch die Klausel über die Stornierung:

> Beim (jederzeit) zulässigen Rücktritt des Reisenden (maßgeblich ist der Eingang der Erklärung beim Reiseveranstalter) betragen die Stornogebühren jeweils pro Person:
>
> | | |
> |---|---|
> | bis 60 Tage vor Reisebeginn | 10% |
> | bis 50 Tage vor Reisebeginn | 15% |
> | bis 40 Tage vor Reisebeginn | 25% |
> | bis 30 Tage vor Reisebeginn | 50% |
> | ab dem 29. Tag vor Reisebeginn | 80% |
>
> des Reisepreises. [...] Dem Veranstalter oder dem Reisenden bleibt es vorbehalten, den dem Veranstalter durch den Rücktritt entstandenen Schaden konkret zu berechnen.

Titanic verlangt 3.200,- Euro nebst Zinsen von Frau von Plattfisch. Zu Recht?

Frau von Plattfisch hatte nicht nur gemäß der Reisebedingungen, sondern auch nach dem Gesetz das Recht, vom Vertrag zurückzutreten (§ 651i Abs. 1 BGB). Sie ist allerdings auch nach dem Gesetz verpflichtet, an den Reiseveranstalter eine angemessene Entschädigung zu leisten (§ 651i Abs. 2 BGB). *Titanic* hätte den Schaden konkret berechnen können, macht hier aber von der Möglichkeit Gebrauch, den Anspruch zu pauschalieren, was in der Praxis die gängige Vorgehensweise ist.[96] Stornoklauseln sind an den §§ 651i, 308 Nr. 7b) und 309 Nr. 5a) und b) zu messen. Die Pauschale darf nur den nach dem gewöhnlichen Lauf der

---

[96] Vgl. auch Kapitel B, Teil I, Nr. 5 dieses Buches.

Dinge zu erwartenden Schaden gestaffelt, unter Berücksichtigung der ersparten Aufwendungen, der anderweitigen Verwendung der Reise und des Zeitpunkts des Rücktritts festsetzen. Dem Kunden muß zudem ausdrücklich der Nachweis gestattet werden, daß nur ein geringerer oder gar kein Schaden entstanden ist (§ 309 Nr. 5b) BGB). Die vorliegende Stornoklausel[97] bietet, obwohl sie den Nachweis eines geringeren Schadens nicht abschneidet, mehrere Angriffspunkte. Bis 60 Tage vor Reisebeginn 10% Entschädigung zu verlangen, wird der Tatsache nicht gerecht, daß man die Reise innerhalb dieser beträchtlichen Zeit noch anderweitig vergeben kann und damit kein Schaden oder zumindest nur unerheblicher Verwaltungsaufwand entstanden ist. Die Pauschale von 80% für die letzten 29 Tage vor Reisebeginn ist unangemessen hoch. Hinzu kommt, daß innerhalb der letzten 29 Tage nicht mehr differenziert wird, worin eine unangemessene Benachteiligung zu sehen ist, was zur Unwirksamkeit der gesamten Klausel führt.[98] Wenn die Stornoklausel unwirksam ist, bedarf es einer konkreten Schadensberechnung, die hier nicht vorliegt, so daß Frau von Plattfisch keinen Schadensersatz zahlen müßte. Fehlt eine konkrete Schadensberechnung, so ist es nach Auffassung des Landgerichts Düsseldorf nicht möglich den Schaden nach § 287 ZPO zu schätzen, denn damit würden die Anforderungen des § 651 i Abs. 2 Nr. 3 BGB zu Lasten des Reisenden ausgehebelt und der Unterschied zu § 651 Abs. 3 BGB aufgehoben:

> Der Reiseveranstalter könnte dann immer, auch wenn nicht vertraglich vereinbart, die von ihm und anderen Veranstaltern vorgegebenen Pauschalen einfordern. Dies sieht das Gesetz aber gerade nicht vor. Vielmehr gibt es dem Veranstalter in § 651 i BGB zwei Möglichkeiten, seine Entschädigung einzufordern. Entweder die eine oder die andere hat er zu erfüllen, will er die ihm zustehende Entschädigung erhalten.[99]

Das Landgericht Frankfurt[100] allerdings ist anderer Meinung und schätzt in diesem Fall den Schaden (§ 287 Abs. 1 ZPO), indem es den Reiseveranstalter von der allgemein statuierten Pflicht zur Substantiierung des Schadens befreit.[101] Aber

---

[97] Zur Prüfung einer ähnlichen Klausel: OLG Frankfurt NJW 1982, S. 2189ff.
[98] BGH NJW-RR 1990, S. 114f.
[99] LG Düsseldorf NJW 2003, S. 3062ff. (mit umfassenden Ausführungen zur Einbeziehung von AGB in einen Reisevertrag).
[100] LG Frankfurt NJW-RR 1988, S. 638.
[101] Die Rechtswohltat der Schadensschätzung durch das Gericht kommt aber nur in Betracht, wenn die betroffene Partei ihrer Pflicht zur ordnungsgemäßen Substantiierung des Anspruchs nachkommt (vgl. BGH NJW 1981, S. 1454; NJW 1988, S. 3016ff.). Reiseveranstaltern ist es durchaus zuzumuten, ihre Kalkulationen offenzulegen, wenn sie ihren Schaden konkret berechnen müssen, weil ihre Reisebedingungen unwirksam sind.

selbst wenn man dieser befremdlichen Rechtsprechung folgt, heißt das: Kann Frau von Plattfisch nicht beweisen, daß die Reise anderweitig vergeben, das heißt, überhaupt kein Schaden entstanden ist, wird sie unter Berücksichtigung der ersparten Aufwendungen nur eine angemessene Entschädigung leisten müssen, die allerdings wesentlich niedriger sein wird als 80 Prozent des Reisepreises.

VI. Heiratsmäkler/ Partnervermittlung

Bereiten schon die konventionellen Makler mit ihren Provisionsansprüchen[102] und perfiden Geschäftsbedingungen[103] den meisten Menschen große Schwierigkeiten, sie als seriöse Geschäftsleute zu akzeptieren, steht das bei Heiratsmäklern gar nicht zur Debatte. Hier handelt es sich um tiefschwarze Schafe, um Karikaturen des Wirtschaftslebens, die es darauf anlegen, einsame Menschen auszunehmen. Früher, man kann das glauben oder auch nicht, sahen die Menschen es als sittenwidrig an, wenn für die Bemühungen der Heiratsvermittlung Lohn in Rechnung gestellt wurde. Aus diesem Grund und um das „Ärgernis" von Prozessen über Heiratsvermittlungen zu vermeiden,[104] hat der Gesetzgeber den § 656 BGB geschaffen, nach dem für solche Geschäfte eine Verbindlichkeit nicht begründet wird. Der Bundesgerichtshof wendet den § 656 BGB auch auf die Partnervermittlung an. Sein methodologisch frappantes Argument: Hätte der Gesetzgeber die Kommerzialisierung der Liebe und das Zunehmen der außerehelichen Partnerschaften vorausgesehen, so hätte er die Vorschrift erst recht auf Verträge über außereheliche Partnerschaften erstreckt.[105] Die Rechtsprechung war sich lange uneins, wie sie Partnerschaftsvermittlungsverträge einordnen sollte, bis der Bundesgerichtshof klarstellte, daß Eheanbahnungsinstitute Dienste höherer Art leisten, die aufgrund des besonderen Vertrauensverhältnisses zwischen den Parteien jederzeit kündbar sind (§ 627 BGB).[106] Hat der Kunde allerdings im voraus geleistet, worauf diese Institute verständlicherweise drängen, sind bei der Rückforderung der schon gezahlten Vergütung Anlaufkosten (meist als Pauschale) zu be-

---

[102] BGH NJW-RR 1986, S. 1496f. (Voraussetzungen für den Maklervertrag); BGH BB 1988, 1623ff. (Entstehen des Provisionsanspruch des Nachweismaklers).
[103] BGHZ 99, 374ff. (Verbot der erfolgsunabhängigen Provision und Aufwendungsersatzanspruch des Maklers).
[104] Mit rechtsgeschichtlichen Ausführungen: BGH NJW 1964, S. 546f.
[105] BGHZ 112, 122ff.
[106] BGH NJW 1987, S. 2808; VuR 1999, S. 133ff.

rücksichtigen, es sei denn, die Leistungen oder Partnerschaftsvorschläge waren gänzlich unbrauchbar.[107] Darüber mag man dann vor einem Gericht streiten.

1. Eheanbahnung

Die Liebe ist ein kompliziertes Ding an sich. Noch komplizierter ist das Ritual der Beziehungen zweier Menschen. Das aber schreckt die meisten Menschen nicht ab, sich einen Partner zu suchen. Allein zu sein, ist nicht jedermanns Sache. Viele setzen sich lieber den unerfüllbaren Ansprüchen eines Lebenspartners aus oder ärgern sich fünfundzwanzig Jahre lang über die Marotten, Unfreundlichkeiten und Unverschämtheiten des anderen. Dann lassen sie sich scheiden und suchen sich einen neuen Partner, der auch nicht zu ihnen paßt. Manchen Leuten ist diese Clownerie eine Menge Geld wert, weil sie die behagliche Einsamkeit einfach nicht ertragen können. Sie wenden sich an sogenannte *Ehemäkler*, *Freundschaftsanbahnungsdienste* oder *Partnervermittlungsinstitute*, die sich der Not der Menschen annehmen. Mit diesen Maklern des Glücks müssen sich Anwälte, Gerichte und auch die Verbraucherzentralen immer wieder beschäftigen. Willi Warzenschlange beispielsweise wünschte sich zunächst eine Partnerin, später dann juristische Beratung. Er unterschrieb einen Vertrag, in dem es unter anderem heißt:

> Ziel dieses Vertrages ist die Vermittlung einer Partnerin, welche die Ehe mit dem Auftraggeber eingehen möchte. [...] Das Institut garantiert die Vermittlung ohne zeitliche Begrenzung bis zur Zusage der Partnerin. Der Vermittlungsauftrag endet erst bei Erfolg. Der Erfolg ist dann eingetreten, wenn sowohl der Auftraggeber als auch die von ihm ausgesuchte Partnerin schriftlich erklärt haben, die Ehe miteinander eingehen zu wollen (Eheversprechen). Beziehen die Partner eine gemeinsame Wohnung oder nehmen sie eine eheähnliche Beziehung auf, so ist die Erfolgsgarantie ebenfalls als erfüllt anzusehen.

Der alle Leistungen umfassende und per Vertragsschluß fällig gestellte Vermittlungspreis von 5.000,- Euro wurde von Willi sogleich entrichtet. Tatsächlich lernte Willi, der trotz seiner Vierzigjährigkeit noch zu Hause wohnte, Wilma Wüstenteufel kennen. Eine Dame mit Motorrad, die nicht kochen konnte und auch nicht zur Führung eines Haushaltes geeignet war, wie sie selbst behauptete. Willi störte das eigentlich nicht. Doch was die einen vielleicht anziehend finden, stößt

---

[107] OLG Düsseldorf NJW-RR 1993, S. 507f.

andere ab. Die Mutter von Willi war ganz und gar nicht begeistert, als die Dame einzog. Der Haussegen verdunkelte sich stündlich. Noch weniger begeistert war sie, als es zwischen ihrem Sohn und der Dame zum Intimverkehr kam. Die engstirnige Frau schaffte es, eine aufkeimende junge Liebe im Handumdrehen zu zerstören. Die motorradfahrende Dame zog nach drei Tagen aus. Willi verlangt sein Geld zurück, weil der Vermittlungserfolg nicht eingetreten sei. Sei er wohl, wendet das Institut ein. Schließlich sei es ja sogar zum Intimverkehr gekommen. Das, schreibt der Anwalt von Willi ganz unromantisch und muß dabei tief seufzen, sei in der heutigen Zeit noch lange kein Indiz für eine feste Beziehung. Intimverkehr sei nun mal weder ein Eheversprechen noch die Aufnahme einer eheähnlichen Beziehung.
Wie ist die Rechtslage?

Unterhalb des Bauchnabels windet sich der Jurist und ringt nach Worten. *Intimverkehr* nennt er das Ding, das man mit zwei Staatsexamen anscheinend nur mit Intimspray - und verbal schon gar nicht - bewältigen kann. Immerhin, man weiß was gemeint ist: Die beiden haben es miteinander getrieben und es stellt sich die Frage nach den juristischen Folgen des fleischlichen Beisammenseins. Der Partnervermittlungsvertrag ist als modifizierter Ehemäklervertrag einzuordnen, dessen Hauptziel die Herbeiführung der Ehe ist, zumindest als gegenseitiges Versprechen. Als Surrogate kommen das *Konkubinat* in einer gemeinsamen Wohnung oder die Aufnahme einer eheähnlichen Beziehung in Betracht. Ein schriftliches Eheversprechen liegt nicht vor. Auch die Erfolgsalternativen sind nicht eingetreten:

> Schon begrifflich setzt der Bezug einer gemeinsamen Wohnung mehr voraus als den Aufenthalt und das Nächtigen in einer fremden Wohnung, wie es auch bei bloßen Besuchen üblich ist. Für die inhaltliche Interpretation des „Beziehens einer gemeinsamen Wohnung" bedeutsam ist zudem dessen sachliche Anlehnung an das vertragliche Primärziel einer Eheanbahnung unter Gleichstellung (oder) mit dem Fall des Aufnehmens eheähnlicher Beziehungen. Der Bezug einer gemeinsamen Wohnung setzt ebenso wie die Aufnahme eheähnlicher Beziehungen einen gemeinsamen Entschluß beider Seiten voraus, auf Dauer „zusammenzubleiben". Ihm geht regelmäßig eine Phase des gegenseitigen Kennenlernens voraus, in der auch ein Intimverkehr, der schon bei bloßen Besuchen vorkommt, nicht gleich automatisch eine eheähnliche Beziehung begründet. Diese erfordert mehr, insbesondere den beiderseitigen Willen, über die sich gegenseitig prüfende Phase des Kennenlernens hinaus *füreinander einzustehen*.[108]

---

[108] OLG Koblenz NJW-RR 1993, S. 888ff. (889). Hervorhebung von mir.

Weil der Vermittlungserfolg nicht eingetreten ist, hat Willi einen Anspruch aus § 812 Abs. 1, Satz 1 Alt. 2 auf Rückzahlung des Vermittlungspreises. Dem steht auch nicht der Rückforderungsausschluß des § 656 Abs. 1 Satz 2 BGB entgegen. Dieser gilt nur insoweit, als die Rückforderung mit der Begründung erfolgt, ein (einklagbarer) Honoraranspruch habe von Anfang an nicht bestanden. Wird der Rückzahlungsanspruch auf andere Rechtsgründe, etwa Sittenwidrigkeit, Schlechterfüllung oder vorzeitige Auflösung des Vermittlungsvertrages gestützt, unterliegt er keinerlei Beschränkungen.[109]

2. Partnerdepot

Der Single (früher sagte man diffamierend Junggeselle) Sigmund Säbelschnäbler hatte es leid, daß sein Herz träge und sein Kühlschrank immer leer war, so wie das bei alleinlebenden Männern nun einmal ist (zumindest glaubte das des Säbelschnäblers Arbeitskollegin, die dem Einsamen oft kulinarische Kostbarkeiten zukommen ließ, weil sie diese nicht mehr für sich selbst verwenden konnte). Er beauftragte das Institut *Liebe auf den ersten Blick mbH* damit, diesem Zustand ein Ende zu bereiten und eine zukünftige Ex-Freundin für ihn zu finden. In dem Vertrag wurde die Leistung des Unternehmens in den vorformulierten Vertragsbedingungen folgendermaßen definiert:

> Die Werkleistung gegenüber dem Kunden beinhaltet im einzelnen die Erstellung eines Kundenpersönlichkeitsprofils und eines Wunschpartnerprofils unter Erfassung, Bewertung und elektronischer Umsetzung der Kundenpersonal- und Partnerschaftswunschdaten, eine Vorauswahl potentieller Partnervorschläge aus dem Datenbank-Partnerbestand aufgrund bestimmter Basisvergleichsdaten unter Einsatz einer elektronischen Großrechenanlage, eine Hauptauswahl von 25 Partnervorschlägen durch Fachpersonal mittels visueller Bildschirmvergleiche und einer individuellen Passensgradüberprüfung sowie die abschließende Bildung und Bereitstellung des elektronischen Partneradressen-Abrufdepots für den einzelnen Kunden.

Säbelschnäbler, der sich als Mann „kreativer Tatkraft" mit „sensibler Einfühlungsfähigkeit" und „seelischer Stärke" einschätzte, suchte eine Frau mit sportlichem Interesse und ebensolcher Figur. Sie sollte sich auch für Bowling und Tischtennis interessieren und grüne Augen haben; lange blonde Haare waren ihm ebenso attraktiv wie Grundbesitz, ein eigenes Auto und Ersparnisse. Die Idealfrau

---

[109] Ebenda. Mit weiteren Nachweisen.

sollte jung sein, ledig, kontaktfreudig und über „inneren Erlebnisreichtum" und Sinnenfreude verfügen. S. erhielt sieben Partnervorschläge. Sämtliche Frauen waren entweder nicht an einem Zusammentreffen interessiert, oder sie meldeten sich bei S. erst gar nicht, trotz telefonischer und schriftlicher Anfrage. S. kündigte den Vertrag mit sofortiger Wirkung. Die *Liebe auf den ersten Blick mbH* erhebt Klage auf Zahlung der Vertragssumme in Höhe von 5.000,- Euro.
Wie ist die Rechtslage?

Zunächst bereitet die juristische Spezifizierung des Vertrages Schwierigkeiten. Die Erstellung eines Partnerdepots ist schwerlich als Dienstvertrag einzuordnen, jedoch kann man die Leistung auch nicht ernsthaft als Werkleistung ansehen. Daß das Institut diese als Werkleistung bezeichnet, darf einen Juristen bei der Einordnung des Vertrages weder verwirren noch beeinflussen. Das Oberlandesgericht Hamburg konnte in dem erstellten Depot kein geistig-schöpferisches Ergebnis und damit keine Werkleistung erblicken und meinte, eine solche Tätigkeit komme am ehesten der Maklertätigkeit gleich.[110] Eine interessante Überlegung. Noch listiger ist die juristische Phantasie, die einen Berliner Richter bei der Lösung des Falls beflügelte. Mit der Einordnung des Vertrages hielt sich das Gericht nicht lange auf. Darauf kam es bei dem eingeschlagenen Lösungsweg auch nicht an. Es klassifizierte die Leistung als Werkleistung, die der Richter mit Spott überschüttete: „Die in diesem Absatz[111] enthaltenen Wortungetüme zeigen eindeutig, daß es der Kl.[ägerin] darauf ankommt, eine unzureichende Leistung durch vermeintlich anspruchsvolle Begriffe zu kaschieren."[112] Das Leistungsversprechen könne man als simplen Trick entlarven, weil es zum einen unmöglich sei, die Persönlichkeit eines Menschen anhand von Vergleichsdaten zu ermitteln, zum andern sei rechnerisch nachweisbar, daß ein Partnerdepot insgesamt 288.358.400 Menschen enthalten müsse, um bei 14 Variablen genügend Übereinstimmungen für 25 Partnervorschläge zu erhalten. Der Werkvertrag sei aus diesem Grunde auf eine von Anfang an unmögliche Leistung gerichtet (§ 311a Abs. 1 BGB), wodurch S. von seiner Leistungspflicht befreit wird (§§ 275 Abs. 1 in Verbindung mit 326 Abs. 1 Satz 1).
Das Gericht schließt seine Betrachtungen mit einem erfrischenden Appell an die Judikatur:

---

[110] OLG Hamburg NJW 1986, S. 325ff.
[111] Gemeint ist die oben wörtlich zitierte Beschreibung der Werkleistung in den AGBs.
[112] AG Berlin NJW 1986, S. 324f.

Aus dem Vorstehenden ergibt sich, daß die Kl.[ägerin] ein Geschäft mit der Einfalt ihrer Kunden macht. *Dies aufzuzeigen und rechtlich einzuordnen ist Aufgabe der Rechtsprechung.*[113]

Unmöglich ist es vielleicht nicht nur juristisch, sondern auch tatsächlich, den Traumprinzen, die Traumfrau zu finden, mag man nach diesem Fall denken. Alan Patrik Herbert verglich die Partnersuche folgerichtig mit einem Glücksspiel: Die Liebe als Sache des Zufalls, die Eheschließung als Spiel oder Wette, bei der niemand genau Voraussagen zu treffen imstande ist:

> Es ist ein literarischer Gemeinplatz, daß niemand das Verhalten einer Frau vorhersagen kann. In Augenblicken der Unzufriedenheit beklagen sich die Frauen darüber, daß alle Männer gleich sind; aber die Männer beklagen sich nicht minder entrüstet darüber, daß keine zwei Frauen gleich sind und daß sogar ein und dieselbe Frau ihr Wesen nicht nur tage-, sondern minutenweise ändert. [...] In allen Fragen der Ehe ist das Element der Geschicklichkeit unerheblich und das Element des Zufalls vorherrschend. Somit sind alle Ehen als Glückspiel zu qualifizieren [...].[114]

Man mag aber bitte nicht vergessen, daß man auch beim Glücksspiel durchaus gewinnen kann. Die Hoffnung darauf sollte die Menschen ermuntern, bei allem berechtigten, rationalen Pessimismus, den Mut nicht sinken zu lassen, sich im *Glücksspiel Partnerpuzzle* zu versuchen. Ansonsten stürbe die Menschheit aus und mit ihr das exquisite Recht, das sie geschaffen hat. Wer wollte dafür die Verantwortung auf sich laden?

VII. Mietrecht

Menschen wohnen. Hinter diesem Satz ist ein ganz eigener Kosmos von Rechtsproblemen verborgen, aus dem an dieser Stelle vier Paradebeispiele ausgewählt sind: Nebenkosten, Mängel, Kleinreparaturen und die Eigenbedarfskündigung, weil diese Probleme in der Praxis oft vorkommen.
Die Probleme zwischen Vermieter und Mieter werden apodiktischer ausgefochten, wenn sie zusammen in einem Haus wohnen. Dann geht es oftmals nur noch vordergründig um das Mietrecht. Eigentlich befindet man sich dann schon im

---

[113] Ebenda. Hervorhebung von mir.
[114] *Herbert, Alan Patrick*: Rechtsfälle-Linksfälle. Eine Auswahl juristischer Phantasien, ins Deutsche übertragen und rechtsvergleichend erläutert von *Konrad Zweigert* und *Peter Dopffel*, 4. Aufl., Göttingen: Vandenhoeck & Ruprecht 1984, S. 21ff. (24).

„ganz normalen Wahnsinn" des Nachbarschaftsstreits, der sprudelnden Quelle der Heiterkeit und Bitterkeit,[115] wie als ewig mustergültiges Exempel von Regina Zindler im *Maschendrahtzaun-Knallerbsenstrauch-Fall*[116] oder von den Beteiligten des *Gartenzwergkrieges*[117] vorgeführt.

1. Mietmängel

Die Studenten der Rechtswissenschaft Ulrike Unglückskind (Kosenamen: Bienenelfchen und Zwergseepferdchen) und ihr Freund Sebastian Sorgenkind (Necknamen: Goldmäuschen und Riesengnom) beschließen, sich eine gemeinsame Wohnung zu nehmen, um dem Terror und der Bevormundung durch die Eltern zu entgehen und um in Ruhe studieren und liebkosen zu können. Sie haben Glück. Die Wohnung kostet sie keine Maklergebühr, und nicht einmal eine Mietsicherheit (Deponat) müssen sie hinterlegen. Selbst der Umzug klappt gut. Kurze Zeit, nachdem sie ihre Namen an den Klingelschildern angebracht haben, wendet sich das Blatt. Einer der Nachbarn, Pilatus Piranha, feiert laut und bis spät in die Nacht an jedem Wochenende. Beschwerden helfen nicht. Da kürzen sie die Miete um 20% für die Lärmbelästigung. Schwindelgefühle und Atemprobleme führen die beiden zunächst auf die häufigen Gespräche über Beziehungprobleme, später auf das anstrengende Jurastudium, die kleinen Buchstaben im *Palandt* und auf Prüfungsangst zurück. Tatsächlich aber rühren diese Beschwerden von einem hartnäckigen und bösartigen Schimmelpilz, einer Formaldehydkonzentration von 0,1 ppm und einen Bleianteil über 60 Mikrogramm pro Liter Wasser in der Wohnung her.

Zermürbt kündigen U. und S. nach fünf Monaten fristlos wegen erheblicher Gefährdung der Gesundheit und ziehen sofort wieder zu ihren Eltern. Mehr Unglück und Sorgen kann man wohl so schnell nicht wieder haben, dachten sie, bis der Vermieter, Pinkas Pavian, Klage auf Zahlung dreier Monatsmieten bis zum Ab-

---

[115] Über den Nachbarschaftskrieg sei ein amüsantes Fallbuch empfohlen, das sein Verfasser im Vorwort recht treffend anpreist: „Dieses Buch ist kein juristisches Fachbuch. Eher eine kleine Odyssee durch die deutsche Volksseele, eine Ethnographie eines Konfliktpotentials. [...] Wir beschreiben eine Forschungsreise, die in Abgründe schauen läßt: ins Innere des Kleinbürgers, der in uns allen steckt. Nichts ist verrückter als die Wirklichkeit." *Bergmann, Thomas*: Giftzwerge. Wenn der Nachbar zum Feind wird, München: Beck 1992, S. 7.

[116] Ironische Zusammenfassung der Affäre: Es war einmal ein Zaun: Wie ein Knallerbsenstrauch, ein Countrysong und eine sächsische Exsekretärin zwei Fernsehsender in den Wahnsinn trieben, in: Die Zeit Nr. 5 v. 27.01.2000.

[117] AG Hamburg-Harburg JZ 1988, S. 1032f.; HansOLG Hamburg JZ 1988, S. 1033f. („Hartbrandwichtel"); dazu: *Junker, Abbo*: Gartenzwerge und Artenschutz, in: JZ 1988, S. 1012f.

lauf der Kündigungsfrist erhebt. Außerdem möchte er fünfmal 20% der Miete wiederhaben, weil er nicht nur die Kündigung für übertrieben, sondern auch die Mängel für unwesentliche Beeinträchtigungen hält.
Wie ist die Rechtslage?

Wenn während der Mietzeit Mängel oder Fehler an der Mietsache auftreten, kann der Mieter die Miete unmittelbar kürzen (mindern) oder den Mangel auf Kosten des Vermieters beseitigen (lassen). Er muß dann, wenn der Vermieter den Mangel nicht kennt, diesem eine angemessene Frist einräumen, innerhalb derer er den Mangel beseitigen kann. Nach Ablauf der Frist kann der Mieter den Mangel auf Vermieterkosten beseitigen, ohne daß es auf ein Verschulden des Vermieters hinsichtlich des Mangels ankommt (natürlich darf nicht etwa der Mieter den Mangel verschuldet haben). Vertragsklauseln, die das Minderungsrecht erschweren oder einschränken, sind unwirksam (§ 536 Abs. 4 BGB). Typische Mängel sind: Feuchtigkeit, Schimmel, undichte Fenster und Lärm. Es gibt Zusammenstellungen der Rechtsprechung zu den prozentualen Minderungssätzen, die der Mieter von der Kaltmiete abziehen darf, bis der Mangel beseitigt ist.[118] Die Rechtsprechung ist relativ uneinheitlich und überwiegend zurückhaltend, was die Höhe angeht. Gegen die hier geltend gemachte Mietminderung von 20% wegen der häufigen Lärmbelästigung auch in der Nacht, wird man allerdings kaum etwas einwenden können.[119]
Auch die Kündigung wegen erheblicher Gefährdung der Gesundheit (§§ 569 Abs. 1, 543 BGB) erweist sich letztlich als gerechtfertigt. Die Bleiaufnahme über das Trinkwasser führt zu einer schleichenden Vergiftung, die sich in Müdigkeit, Gedächtnisschwäche, physischen Veränderungen, Herz-Kreislauferkrankungen äußert. Darüber, welche Konzentration von Blei im Trinkwasser eine fristlose Kündigung rechtfertigt, sind die Gerichte verschiedener Ansicht. Eine Konzentration von 60 Mikrogramm pro Liter Wasser (der Grenzwert liegt bei 25 Mikrogramm) stellt einen Mangel dar. Der Mieter kann wegen des Mangels der Mietsache die Miete mindern und dessen Beseitigung (Austausch der Bleirohre) verlangen.[120] Eine fristlose Kündigung rechtfertigt die vorliegende Bleibelastung nicht.

---

[118] Beispiele: 100% beim Ausfall der Heizung im Winter; 50% wenn alle Fenster der Wohnung undicht sind; 5% wenn sich Putz und Farbe im Treppenhaus ablösen.
[119] Vgl. AG Lünen NJW-RR 1988, S. 1041f.
[120] AG Schöneberg NJW-RR 1991, S. 782f.

Darauf, ob die Mieter keine Schuld am Schimmelbefall trifft[121] und der Schimmelpilz so garstig ist, daß er eine fristlose Kündigung rechtfertigt, kommt es nicht an. Letztendlich ist die Kündigung nämlich schon wegen der Formaldehydkonzentration gerechtfertigt. Formaldehydausdünstungen sind zeitlich unbegrenzt und führen zu Kopfschmerzen, Atemreizungen, Schlaflosigkeit, Nervosität und Depressionen, also zu ähnlichen Symptomen wie die Prüfungsangst vor den juristischen Staatsexamina. Formaldehyd ist zudem krebserregend. Für Innenräume hat das Bundesgesundheitsamt einen Grenzwert von 0,1 Milligramm pro Kubikmeter festgelegt. Eine solche Konzentration berechtigt zur Minderung der Miete oder/und zur fristlosen Kündigung. Die Rechtsprechung zeigt zunehmend die Tendenz, die Grenzwerte nach unten hin zu korrigieren. Die Konzentration von über 0,1 ppm rechtfertigt in jedem Fall eine fristlose Kündigung, ohne daß sich der Vermieter darauf berufen kann, der Mieter müsse nur zur Genüge lüften, um Abhilfe zu schaffen.[122]

P. wird mit seiner Klage nicht durchdringen. Die fristlose Kündigung war zulässig. Die Mietkürzung war berechtigt, sie hätte aufgrund der vielen Mängel sogar höher ausfallen können.

Obwohl U. und S. dies gar nicht geltend gemacht haben, wären sie berechtigt gewesen, wegen der Gesundheitsbeeinträchtigungen per Widerklage Schmerzensgeld zu fordern und den Schaden, der ihnen aus der Kündigung erwachsen ist, ersetzt zu verlangen.[123]

2. Nebenkosten

Norbert Nasenaffe ist ein genügsamer Mensch. Seit acht Jahren lebt er in seiner Mietwohnung. Dort sieht er fern oder er raucht, meistens beides auf einmal. Er ist so schnell nicht aus der Ruhe zu bringen. Zum Erstaunen brachte Nasenaffe allerdings dann doch, daß sein Vermieter, Wolfram Wendehals, im neunten Jahr des Wohnens eine Nebenkostenabrechnung übersandte mit der Bitte um Begleichung des Fehlbetrages.

---

[121] Aus Vermietersicht ist am Schimmelbefall stets der Mieter schuld, weil er nicht vorschriftsgemäß lüftet.
[122] LG München NJW-RR 1991, S. 975f.
[123] *Ne eat judex ultra petita* = nicht gehe der Richter über das Begehrte (Beantragte) hinaus (vgl. § 308 ZPO).

In den Nebenkosten waren abgerechnet:

- Grundsteuer,
- Gebäudeversicherung,
- Haus- und Mietrechtsschutzversicherung,
- Heizkosten,
- Wartung der Heizungsanlage,
- Schornsteinreinigung,
- Stromkosten,
- Wasserversorgung,
- Kanalbetriebsgebühren,
- Straßenreinigung und Müllabfuhr,
- Treppenhausreinigung,
- Gartenpflege,
- Treppenhausbeleuchtung,
- Hausmeisterkosten,
- Gemeinschaftsantenne,
- Kontoführungsgebühren
- und die Kosten für die Nebenkostenabrechnung.

Da muß Nasenaffe erst einmal eine Zigarette rauchen und in Ruhe überlegen: so viele Kosten... Einen Gartenpfleger hatte Nasenaffe noch nie gesehen. Das erledigte der Hausmeister, Neidhard Natter, der immer von sich sagte: „Ich bin billig. Ich brauche keine Rauchpausen. Ich rauche bei der Arbeit." Da hatte der Hausmeister wohl eine Menge geraucht. Die Kosten waren ganz erheblich.

„Zunächst", schrieb Nasenaffe an den Vermieter, „ist doch wohl eins klar: Nach acht Jahren ohne Nebenkostenabrechnung kann man davon ausgehen, daß wir uns daraufhin geeinigt haben, daß sich die monatliche Vorauszahlung zu einer Pauschale gewandelt hat. Bevor ich aber überhaupt etwas zahle, möchte ich alle Abrechnungen und Belege sehen." Der Vermieter schrieb zurück: „Es ist ja wohl meine Sache, wann und wie ich abrechne und es ist unverschämt, meine Abrechnungen anzuzweifeln. Belege werde ich, wenn überhaupt, bei Gericht vorlegen. Ganz demnächst werde ich auch noch für die restlichen sieben Jahre abrechnen. Sie werden sich noch wundern."

Das tut Nasenaffe auch wirklich und raucht vor Konfusion wie ein ~~Haus~~Weltmeister.

Wie ist die Rechtslage?

Nebenkostenabrechnungen sind ein Desaster. Die meisten Abrechnungen sind, soweit man sie überhaupt nachvollziehen kann, fehlerhaft. Keiner, besonders Juristen nicht, möchte sich von Herzen damit befassen. So mußte sich sogar das Bundesverfassungsgericht damit beschäftigen, daß ein Landgericht keine Neigung hatte, das umfangreiche Anlagenkonvolut zu einer Nebenkostenabrechnung kalkulatorisch zu überprüfen. Diesen ungenügenden Elan wertete es als Verletzung des rechtlichen Gehörs (Art. 103 GG) durch mangelhaftes Aktenstudium.[124]
Nebenkosten sind eigentlich Sache des Vermieters. Er kann sie nur auf die Mieter umlegen, wenn dies im Mietvertrag vereinbart ist (§ 556 BGB). Davon ausgehend, sind die meisten hier aufgeführten Kosten umlagefähig. Grundsteuer und Gebäudeversicherung, so sagen die meisten Mieter, sind doch Sache des Vermieters und es ist schwer, ihnen zu erklären, daß sie diese Posten bezahlen müssen. Eine Haus- und Mietrechtsschutzversicherung aber gehört tatsächlich nicht zu den umlagefähigen Kosten - gleichgültig, was im Mietvertrag vereinbart ist. Gleiches gilt für die Kontoführungsgebühren und die Kosten für die Nebenkostenabrechnung selbst. Die Kosten für den Hausmeister müssen übernommen werden, wenn es ihn gibt. Wenn der Hausmeister allerdings die Gartenpflege übernimmt, kann die Gartenpflege nicht gesondert berechnet werden, weil die Hausmeisterkosten bereits in den Mietnebenkosten enthalten sind.[125]
Der Vermieter muß jährlich vollständig über die Nebenkosten abrechnen (§ 556 Abs. 3 Satz 1 BGB). Der Mieter kann ansonsten die Nachzahlung und die weiteren Vorauszahlungen verweigern oder auf Abrechnung klagen. Daß der Vermieter lange Jahre überhaupt nicht abgerechnet hat, führt nicht dazu, daß nunmehr eine Inclusivmiete (Pauschale) vereinbart ist. Allein aus diesem zeitlichen Rahmen kann man keinen entsprechenden rechtsgeschäftlichen Änderungswillen der Parteien feststellen.[126]
Der Mieter kann zu viel gezahlte Nebenkosten drei Jahre lang zurückfordern. Der Vermieter jedoch muß die Abrechnung spätestens zwölf Monate nach Ende des Abrechnungszeitraums vorlegen. Diese Frist ist eine Ausschlußfrist. Hat der Vermieter nicht innerhalb von zwölf Monaten abgerechnet, kann er nichts mehr verlangen (§ 556 Abs. 3 Satz 3 BGB). Wenn Nasenaffe sich auf die Ausschlußfrist beruft, wird sich der Vermieter wundern.
Die Nebenkostenabrechnung muß den allgemeinen Anforderungen des § 259 BGB entsprechen. Sie muß daher für durchnittliche Mieter gedanklich und rech-

---

[124] BVerfG NJW 1994, S. 2683f.
[125] Vgl. AG Hamburg WuM 1976, S. 29.
[126] Vgl. LG Stuttgart NJW-RR 1991, S. 782.

nerisch nachvollziehbar sein. Sie muß eine geordnete Zusammenstellung der Einnahmen und Ausgaben enthalten und übersichtlich gegliedert sein. Die Abrechnung muß den Abrechnungsschlüssel enthalten und diejenigen Beträge anführen, aus denen sich der auf den Mieter entfallende Anteil ergibt, von dem die Vorauszahlungen abzurechnen sind.[127]
Der Mieter hat nicht nur Anspruch auf eine nachprüfbare Abrechnung. Er hat außerdem das Recht, die Originalbelege beim Vermieter oder Verwalter einzusehen oder in Ausnahmefällen (Unzumutbarkeit wegen großer Entfernung oder Krankheit) gegen vorherige Kostenerstattung Fotokopien anzufordern.[128] Macht der Vermieter durch Verweigerung der Belegeinsicht dem Mieter das Recht streitig, die Abrechnung zu überprüfen, verletzt er eine vertragliche Nebenpflicht und sein Zahlungsverlangen verstößt unter dem Gesichtspunkt der unzulässigen Rechtsausübung gegen Treu und Glauben (§ 242 BGB).[129]
Solange Nasenaffe die Unterlagen nicht einsehen darf, muß er keine Nachzahlung leisten.

3. Kleinreparaturklauseln

Mietverträge bestehen meist aus unzähligen Klauseln. Den Mietern ist das Kleingedruckte egal. Ihren Mietvertrag lesen sie sich erst durch, wenn der Vermieter etwas von ihnen will und sich dabei auf den Vertrag beruft. Der Vermieter Männe Maulwurfsratte ist ganz besonders schlau. Immer, wenn in den Wohnungen seiner Mieter etwas kaputt geht, verweist er auf seinen Mietvertrag. So muß er weniger zuschießen und kann fast die ganzen Mieteinnahmen im Spielkasino verspielen, denn geizig ist er ja eigentlich nicht.
In den imposanten Regelwerken finden sich zwei verschiedene Klauseln, weil inzwischen der Schreibwarenhändler, bei dem Maulwurfsratte seine Kugelschreiber und auch seine Mietverträge kauft, den Mustervertrag gewechselt hat. Das sehr zum Ärger des M., weil ihm die erste Klausel besser gefallen hatte.

---

[127] BGH WuM 1982, S. 207ff.
[128] BGH WM 1991, S. 2069ff. (2071); LG Frankfurt NZM 2000, S. 27.; AG Langenfeld ZMR 1999, S. 33f. (34).
Einige Gerichte vertreten die Ansicht, daß der Mieter in jedem Fall einen Anspruch auf Übersendung von Kopien hat (LG Essen DWW 1996, S. 371; AG Aachen MDR 1994, S. 271.).
[129] OLG Düsseldorf NZM 2001, S. 48f. (48).

Die Klausel des ersten Vertrages lautete:

§ 12. (1) Die Kosten für auch ohne Verschulden des Mieters notwendige Reparaturen an dem ihm überlassenen Zentralheizungs- und Wasserversorgungsanlagen, an Öfen, Herden, Spültischen, Türen, Schlössern, Fenstern, Fensterläden, Rolläden, Jalousien, Markisen, WC- und Badeeinrichtungen, Gas- und Wasserleitungen, Handwaschbecken, Bodenbelägen, elektrischen Einrichtungen, Gemeinschaftsantennen hat der Mieter bis einschließlich 50,- Euro im Einzelfall auf sich zu nehmen und
(2) sich bei größerem Aufwand mit dem genannten Betrag zu beteiligen.
(3) Dasselbe gilt im Fall einer Neuanschaffung eines der genannten Gegenstände.
(4) Den darüber hinausgehenden Betrag trägt der Mieter ebenfalls, wenn er den Schaden nicht rechtzeitig vorher angezeigt hat.

Die Klausel des zweiten Vertrages lautet:

§ 9. (3) Der Mieter ist verpflichtet, Installationsgegenstände für Elektrizität, Wasser und Gas, Heiz- und Kocheinrichtungen, Fenster und Türverschlüsse sowie die Verschlußvorrichtungen von Fensterläden in gebrauchsfähigem Zustand zu erhalten, soweit die Kosten für die einzelne Reparatur 75,- Euro und der dem Mieter dadurch entstehende jährliche Aufwand 6% der Jahresbruttokaltmiete nicht übersteigt.

Was ist von diesen Klauseln im Einzelnen zu halten?

Grundsätzlich ist es Sache des Vermieters, sich um Schönheits-[130] und Kleinreparaturen zu kümmern. Diese Pflicht kann er allerdings auf den Mieter abwälzen, wenn er den Mieter nicht unangemessen benachteiligt.
Die erste Klausel verstößt allerdings gegen § 307 BGB, weil sie vom gesetzlichen Leitbild abweicht, nämlich vom wesentlichen Grundgedanken des Mietrechts, nach dem es dem Vermieter obliegt, die Mietsache in einem ordnungsgemäßen Zustand zu erhalten (§ 535 Abs. 1 Satz 2 BGB).[131] Sie bezieht sich praktisch auf sämtliche Bestandteile einer Wohnung mit Ausnahme des Mauerwerks. Hier besteht die Gefahr, daß ein Mieter innerhalb kürzester Zeit eine beträchtliche Zahl kleiner Reparaturen bezahlen muß, weil die Klausel den Gesamtaufwand nicht begrenzt. Ein Verstoß ist auch darin zu sehen, daß sich der Mieter an größeren Reparaturen bis zu einem Betrag von 50,- Euro beteiligen soll. Kostet bereits die Behebung eines einzelnen Schadens mehr als die im Vertrag verankerte Summe,

---

[130] Zur Zulässigkeit der Abwälzung von Schönheitsreparaturen auf den Mieter: BGH NJW 1985, S. 480ff.; 1987, S. 2575ff. und 2003, S. 3192ff. (Summierungseffekt mit Pflicht zur Endrenovierung).
[131] BGH NJW 1989, S. 2247ff.

muß sich der Mieter an den Kosten überhaupt nicht beteiligen. Denn wird der Grenzbetrag überschritten, liegt keine Kleinreparatur mehr vor. Dann muß der Vermieter die Kosten für diese Reparatur komplett allein tragen. Mit einer Beteiligung an allen Reparaturen entfernt sich die Klausel noch weiter vom gesetzlichen Leitbild als mit der Übernahmepflicht für Bagatellreparaturen. Daß sich der Mieter an der Neuanschaffung an den von der Kleinreparaturpflicht umfaßten Gegenstände beteiligen soll, ist aus denselben Gründen unwirksam:

> Diese Klausel weicht von wesentlichen Grundgedanken des Mietrechts in erheblichem Umfang ab. Die Neuanschaffung von Teilen der Mietsache, die nicht zum Zwecke der Wiederherstellung ihrer Gebrauchsfähigkeit, sondern zur Verbesserung erfolgt, *fällt aus dem Rahmen der beiderseitigen Vertragspflichten heraus*. Sie ist so unzweifelhaft Sache des Vermieters, auf dessen freier, nicht durch Vertragspflichten beeinflußter Willensentscheidung sie beruht, daß das Bürgerliche Gesetzbuch dies nicht ausdrücklich regelt, sondern als selbstverständlich voraussetzt.[132]

Auch die zweite Klausel wird dem gesetzlichen Leitbild nicht gerecht. Obwohl die Reparaturpflicht gegenständlich und betragsmäßig beschränkt ist, verstößt sie gegen § 307 BGB. Die Klausel greift nämlich in die Struktur des Gewährleistungsrechts ein. Die Klausel führt zum Ausschluß der Rechte, die dem Mieter wegen Mängel der Mietsache zustehen (§ 536, 536a BGB). Gemäß § 536 Abs. 4 BGB ist bei einem Mietverhältnis über Wohnraum eine Vereinbarung unwirksam, die bei Fehlern, welche die Gebrauchstauglichkeit der Mietsache aufheben oder mindern, die Befreiung des Mieters von der Entrichtung des Mietzinses oder dessen Minderung ausschließt. Verpflichtet eine solche Klausel den Mieter, die Wohnung in gebrauchstauglichem Zustand zu halten, nimmt ihm das die Möglichkeit der Minderung. Zudem müßte der Mieter bei nicht ordnungsgemäß ausgeführten Reparaturen Gewährleistungsrechte gegenüber den Handwerkern geltend machen und außerdem für Schäden einstehen, die durch die Reparaturarbeiten entstehen können. Schließlich müßte der Mieter nach einer Reparatur den ihm zustehenden Erstattungsanspruch gegenüber dem Vermieter durchsetzen.

> Derartige den Mieter als Auftraggeber treffende Pflichten und Mühen würden ihn über die Verpflichtung zur Tragung der Reparaturkosten hinaus zusätzlich belasten, wodurch von der gesetzlichen Regelung des § 535 BGB in noch weiterem Maße abgewichen würde. Da die damit verbundenen Nachteile für den Mieter nicht als unerheblich angesehen werden können, wird hierdurch auch unter Berücksichtigung möglicher Kostenvorteile des Mieters bei einer Eigenvornahme der Reparatu-

---

[132] BGH, a.a.O., S. 2250. Hervorhebung von mir.

ren die Grenze, innerhalb deren im Interesse des Rechtsfriedens eine Entlastung des Vermieters von den ihm gesetzlich obliegenden Sacherhaltungspflichten noch hinzunehmen ist, überschritten [...].[133]

4. Eigenbedarf

Herr Demetrius Dromedar ist Literat. Er kümmert sich nicht sehr um das Leben außerhalb seiner Wohnung und seines Schreibtisches. Weil sie neben der literarischen seine einzige Welt ist, hat er eine schöne, preiswerte Wohnung mit sieben Zimmern (150 qm) in einem Mehrfamilienhaus. Die bewohnt er schon seit 25 Jahren. Vier Romane sind dort entstanden. D. hat, was ihm aufgrund des Mietvertrages gestattet ist, ein Zimmer an den Germanistikstudenten Maxbert Mondfisch[134] untervermietet, mit dem er sich über die Einhaltung des internen Reinigungsplans für das Badezimmer ebenso streitet wie über den Dekonstruktivismus.[135]

Eines Tages, aus heiterem Himmel, schreibt der Hauseigentümer, Siggi Skorpion, er kündige wegen Eigenbedarfs, weil seine Tochter die Wohnung mit ihrem neuen Verlobten bewohnen wolle. Die Tochter sei Geschäftsführerin in einer Boutique, die unweit der Wohnung gelegen sei. Sie habe Anspruch auf einen kurzen Arbeitsweg.

D., geschützt durch eine einjährige Kündigungsfrist, schrieb lieber einige Kapitel seines neuen Romans *Auch Pinguine können fliegen* zu Ende, bevor er, neun Monate später, der Kündigung widersprach. Inzwischen war in dem Haus eine Wohnung frei geworden und wieder vermietet worden, ohne daß man sie D. zum Tausch angeboten hätte. Das müsse er auch nicht, sagt der Hauseigentümer, er könne kündigen, wem er wolle. Er müsse nicht auf ein jüngeres Mietverhältnis mit höheren Einnahmen zurückgreifen. Schließlich sei die Wohnung, die sowieso für D. zu groß sei, nicht der Lebensmittelpunkt des D., was man schon daraus ersehen könne, daß er sie untervermiete. D. ist diese Denkungsweise fremd. Er fühlt sich einfach nur belästigt und möchte sich nicht weiter mit der Angelegenheit beschäftigen, sondern einfach nur in Ruhe weiterschreiben. Ihm leuchtet nicht

---

[133] BGH NJW 1992, S. 1759ff. (1761).
[134] Wer ein Lexikon zur Hand hat, sollte sich nicht nur den Mondfisch, sondern auch den Fußballfisch sowie den Laternenangler einmal ansehen.
[135] Sprachphilosophisch und literaturtheoretisches Konzept, das den Anspruch auf die Möglichkeit einer Deutung zurückweist. Als Konzept einer rechtswissenschaftlichen Hermeneutik wäre der Dekonstruktivismus unbrauchbar, weil die juristischen Methoden der Auslegung auf konkrete Ergebnisse hin, nämlich als Begründungshilfen, angewandt werden.

ein, warum man als Geschäftsführerin eine große Wohnung und einen Verlobten braucht, wenn man doch eh nie zu Hause ist und keine Bücher hat. Letztendlich hätte man ihm doch wenigstens eine der Wohnungen im Haus zum Tausch anbieten müssen.
Der Hauseigentümer erhebt Räumungsklage. D. fängt ein neues Kapitel seines Romans an.
Wer ist im Recht?

Nach dem Gesetz kann der Vermieter dem *vertragstreuen* Mieter nur kündigen, wenn er ein berechtigtes Interesse an der Beendigung des Mietverhältnisses hat. Hauptanwendungsfall ist hierbei der sogenannte Eigenbedarf (§ 573 Abs. 2, Nr. 2). Danach darf der Vermieter die Wohnung kündigen, wenn er die Wohnung für sich selbst oder für einen nahen Familienangehörigen benötigt. Die Kündigung muß schriftlich erfolgen, alle Gründe für die Eigenbedarfskündigung enthalten und die Person benennen, für die der Eigenbedarf geltend gemacht wird. Nach der höchstrichterlichen Rechtsprechung ist Eigenbedarf grundsätzlich gegeben, wenn der Wunsch, die eigene Wohnung zu beziehen, nachvollziehbar, verständlich und vernünftig erscheint, denn das grundrechtlich geschützte Eigentum (Art. 14 GG) gewährt seinem Inhaber das Recht, seine Wohnung so zu nutzen, wie er dies für richtig hält.[136] Der Wunsch, daß die Tochter mit ihrem Verlobten die Wohnung nutzen möchte, ist verständlich und nachvollziehbar.

Eigenbedarfskündigungen müssen aber auch daraufhin überprüft werden, ob sie rechtsmißbräuchlich sind (§ 242 BGB). Das ist beispielsweise der Fall, wenn der Eigenbedarf nur vorgeschoben ist; wenn der Eigenbedarf schon beim Abschluß des Mietvertrages vorlag oder abzusehen war; wenn der Eigenbedarf befristet ist und bei zweckverfehltem Eigenbedarf, bei dem die Wohnung gar nicht in der Art und Weise genutzt werden kann, wie der Vermieter es im Kündigungsschreiben angibt. Rechtsmißbräuchlich ist es auch, wenn der geltend gemachte Wohnbedarf weit überhöht ist. Der Wohnbedarf von fünf Zimmern für zwei Personen mag großzügig sein, überhöht ist er nicht; zumal auch der Mieter selbst die Wohnung zusammen mit seinem Untermieter bewohnt.[137] Zugunsten des Vermieters sei hier unterstellt, daß die zwischenzeitlich frei gewordene Wohnung für seine Tochter nicht in Betracht kam; ansonsten wäre es rechtsmißbräuchlich, die Eigenbedarfskündigung aufrecht zu erhalten. Daß die frei gewordene Wohnung zu einem höhe-

---

[136] BVerfG WuM 1989, S. 114ff.; NJW 1994, S. 994ff.; BGH WuM 1988, S. 47ff.
[137] Vgl. BGH NJW-RR 1994, S. 850ff.; BVerfG NJW 1994, S. 2606ff.; OLG Düsseldorf WuM 1993, S. 49f.

ren Zins vermietet war, als die gekündigte Wohnung, hätte dabei keine Rolle gespielt. Rechtsmißbräuchlich war es aber letztendlich, diese im selben Haus[138] liegende und innerhalb der Kündigungsfrist[139] frei gewordene Wohnung dem Dromedar nicht als Alternativwohnung zur orts- oder objektüblichen Miete zum Tausch anzubieten.[140] Darauf, daß er die Wohnung weitervermietet und damit vollendete Tatsachen geschaffen hat, kann sich der Vermieter nicht mit Erfolg berufen.[141] Genausowenig greift sein Argument, die Wohnung sei nicht der Lebensmittelpunkt des Herrn Dromedar. Welcher Mieter könnte enger mit seiner Wohnung verbunden sein, in der Bibliothek, Espressomaschine, Schreibtisch und Computer stehen, als ein Schriftsteller? Zu geräumig ist die Wohnung für Dromedar und seinen Untermieter auch nicht. Schließlich sollte die Tochter sie mit ihrem Verlobten auch bewohnen. Der Vermieter kann also nicht kündigen, wem er will. Die Eigenbedarfskündigung erweist sich als rechtsmißbräuchlich. Dromedar war im Recht, als er ein neues Kapitel seines Romans begann.

VIII. Wettbewerbsrecht/ Warentests/ Rechtsberatung

Die meisten Verbraucher meinen, sie hätten einen Anspruch darauf, eine Ware zum ausgezeichneten Preis zu bekommen, egal ob sie nun im Regal im Laden steht, im Schaufenster liegt oder auf Plakaten, in Anzeigen oder Werbezetteln angepriesen wird. Daß dies nicht so ist (*invitatio ad offerendum*[142]), lernt man im ersten Semester Jus. Interessant ist aber das soziologische Phänomen, in welchem Ausmaß man sich über Centbeträge erregen kann. Allerdings muß man sich gerechterweise auch vergegenwärtigen, daß Preise so kontinuierlich und persistent

---

[138] Die Anbietepflicht besteht nicht für jede Wohnung, sondern nur für Wohnungen in derselben Wohnanlage oder im selben Haus (BGH NJW 2003, S. 2604.).

[139] Die Anbietepflicht besteht nur bis zum Ablauf der Kündigungsfrist (BGH NJW 2003, S. 2604f.).

[140] BVerfG NJW 1991, S. 157f.; NJW 1991, S. 2273ff.; NJW 1992, S. 1220ff.; OLG Karlsruhe NJW-RR 1993, S. 660ff.; LG Berlin NJW-RR 1994, S. 850ff.; BGH NJW 2003, S. 2604 und BGH NJW 2003, S. 2604f.

[141] BVerfG NJW 1991, S. 157f.; LG Trier WuM 1989, S. 390ff.; LG Wiesbaden WuM 1990, S. 213f.; LG Berlin WuM 1990, S. 25ff.

[142] Einladung zum Antrag. Die Aufforderung zur Abgabe eines Angebots stellt noch keinen Antrag auf einen Vertragsschluß dar, so daß ein potentieller Vertragspartner nicht einfach durch die Annahme den Vertragsschluß herbeiführen kann. Er muß vielmehr erst selbst ein Angebot abgeben, das dann wiederum angenommen werden muß, um den Vertragsschluß herbeizuführen. Beispiele: Inserat in einer Zeitung, Preisschild auf einer Ware.

falsch ausgezeichnet werden, daß man hier häufig strategische Absicht, und damit eine Irreführung nach dem Gesetz gegen den unlauteren Wettbewerb (UWG) vermuten muß.

Daß ihre Waren vergleichend getestet werden, erschreckt die Hersteller, die sich nicht gerne der öffentlichen Kritik stellen.[143] Warentests können nämlich finanzielle Verluste nach sich ziehen, falls das Produkt schlecht abschneidet. Allerdings kann auch das Gegenteil der Fall sein. Die Firmen nutzen positive Testergebnisse zu Werbezwecken. Aber hier gibt es immer wieder Anlaß zu Beanstandungen, denn die Angabe des Testergebnisses ohne Hinweis auf den Notendurchschnitt ist irreführend.[144]

Das Rechtsberatungsgesetz ist ein Anachronismus. Immer wieder gibt es Versuche der Anwaltschaft, die Rechtsberatungsbefugnis der Verbraucherzentralen[145] zu restringieren - allerdings ohne Erfolg.[146] Die Anwaltschaft wittert im übrigen Konkurrenz, wo keine ist. Die Verbraucherzentralen beraten ausschließlich zum Verbraucherrecht und typischerweise zu Fällen, deren Streitwert gering ist. Vor Gericht dürfen sie den Verbraucher nicht vertreten, so daß ihm der Gang zum Anwalt letzten Endes nicht erspart bleibt, falls die Verbraucherzentrale keine gütliche Einigung herbeiführen kann und die Sache Aussicht auf Erfolg hat. Was die Anwaltschaft gegen die Vorprüfung durch die Verbraucherzentralen einzuwenden hat, muß ihr Geheimnis bleiben.

Beträchtlichen Eifer zeigt die Anwaltschaft, wenn es darum geht, die Rechtsberatung im Fernsehen zu bekämpfen. Auch hier kann man über die Intention nur grübeln. Verbraucheraufklärung über das Medium Fernsehen ist den Anwälten nämlich keineswegs hinderlich, sondern kurbelt die „Rechtsberatungswirtschaft" im Grunde genommen sogar an, indem die Verbraucher erst einmal ihre Rechte kennenlernen und darüber nachdenken können, ob es sich nicht lohnen könnte, sich beraten zu lassen, beispielsweise von einem Rechtsanwalt.

---

[143] Das grundlegende Präjudiz zu vergleichenden Warentests ist: BGHZ 65, 325ff. („Warentest II: Ski-Bindung").
[144] BGH AfP 1982, S. 171f.
[145] Siehe dazu: *Reich, Norbert*: Zur Reichweite der Rechtsbesorgungsbefugnis von Verbraucher-Zentralen gemäß Art. 1 § 3 Nr. 8 des Rechtsberatungsgesetzes (RberG), in: VuR 1996, S. 143ff.
[146] Vgl. etwa: LG Düsseldorf VuR 2000, S. 331f.

1. Preisauszeichnung

Die Lebensmittelkette *Kakadu* verteilte am Wochenende Postwurfsendungen, mit der es für die nächste Woche Dauer-Discount-Preise ankündigte. *Kakadu* warb unter anderem für lecker, lecker Erdbeermarmelade für 99 Cent und *echte* Markenbutter zum selben Geldkurs. Der einkaufsbewußte Großfamilienvater Karl Knicker, genannt Hasso der Hamster, suchte am Montag eine der Filialen auf, um diese Leckereien preisbewußt zu ergattern. Der urzeitliche Trieb des Mannes zum Jagen und Sammeln war erwacht. Um so ärger war die Enttäuschung: *Kakadu* hatte nur Marmelade für 1,09 Euro. Nach längerem Disput („Betrug, Geschäftsführer sprechen, Sauerei und desgleichen") händigte man ihm drei Gläser für 99 Cent aus. Geschafft. Jetzt ging es in die Kühlabteilung. Die Butter war aber an dem üblichen Regalplatz nicht aufzufinden. Vor den Regalen standen etwa zwanzig äußerst aufgebrachte *Endverbraucher* (auch *Letztverbraucher* genannt), die sich für die Zeit nach dem in naher Zukunft zu erwartenden weltumspannenden Crash mit Butter eindecken wollten. Die Meute der Konsumenten nötigte schließlich eine Verkäuferin, den Buttervorrat aufzufüllen. Knicker bekam gerade noch das letzte Stück Butter. Auf seine spätere Beschwerde hin wurde ihm mitgeteilt, daß das Montagmorgendrama auf einen Irrtum einer Mitarbeiterin in der EDV-Abteilung zurückzuführen gewesen sei. Bedauerlich, aber nicht zu ändern. Ein Ausreißer eben, meint *Kakadu*. Ein schwerwiegender Organisationsfehler, meint der knauserige Knicker und instruiert die Verbraucherzentrale erschöpfend von dem ungeheuerlichen Sachverhalt. Da *Kakadu* keine Unterlassungserklärung unterschreiben möchte, muß die Verbraucherzentrale Klage erheben.
Sie beantragt,

>die Beklagte zu verurteilen,
>es zu unterlassen, im geschäftlichen Verkehr zu Zwecken des Wettbewerbs für im Wege der Selbstbedienung erhältliche Waren mit Preisangaben zu werben, sofern diese nicht in den ersten beiden Tagen nach Erscheinen der Werbung (Erscheinungstag nicht mitgerechnet) ständig in den Verkaufsräumen vorhanden sind, und zwar mit keinem höheren als dem beworbenen Preis ausgezeichnet.

Wird die Klage Erfolg haben?

Unternehmen müssen, wenn sie mit Werbung an die Öffentlichkeit treten, vorsichtig sein. Konkurrenz und Konsumenten sind wachsam. Die sehen jeden Cent,

und wenn es kleinere Geldeinheiten gäbe, sähen sie auch die. Das hat juristische Folgen. Stimmt nämlich die Preisauszeichnung an der Ware mit dem in der Werbung angegebenem Preis nicht überein oder werden die Waren nicht in ausreichender Menge vorgehalten, so liegt darin regelmäßig eine Irreführung. Der Werbende kann sich exkulpieren, wenn er darlegt, welche Maßnahmen er getroffen hat, um solchen Fehlern vorzubeugen. Der pauschale Hinweis auf den Fehler einer Mitarbeiterin genügt nicht, um ein Organisationsverschulden zu entschuldigen. Vielmehr hätte *Kakadu* darlegen müssen, welche organisatorischen Maßnahmen getroffen wurden, um solche Fehler zu *verhindern. Kakadu* hätte die Marktleiter anweisen müssen, dafür Sorge zu tragen, daß jeweils anhand der Werbung vor Inkrafttreten der Preisänderung die Preisauszeichnung an der Ware auf Übereinstimmung geprüft wird. Wenn nach einer derartigen Kontrolle noch ein einzelnes Stück mit dem alten Preis ausgezeichnet ist, kann man von einem Ausreißer sprechen, für den *Kakadu* nicht zur Verantwortung gezogen werden könnte. *Kakadu* ist in diesem Fall aber den erforderlichen Sorgfaltspflichten bei der Preisauszeichnung nicht gerecht geworden.[147]
Die Klage gegen *Kakadu* wird Erfolg haben.

2. Warentests

Die *Stiftung Warentest* ist eine 1964 von der Bundesrepublik Deutschland errichtete Stiftung des privaten Rechts, die nach ihrer Satzung Untersuchungen an miteinander vergleichbaren Waren (Warentests) und Dienstleistungen nach wissenschaftlichen Methoden durchführen und die Öffentlichkeit über die Ergebnisse informieren soll. Zu diesem Behufe gibt sie unter anderem die allgemein bekannten Zeitschriften *test* und *FINANZtest* in hoher Auflage heraus.
Die *Stiftung Warentest* hatte eines Tages beschlossen, wieder einmal Toaster zu testen. So ein *test*Test ist diffizil: Die praktische Ausführung war flink (zwei Jahre) und unkompliziert: Ein Angestellter der *Stiftung Warentest* arbeitete das Prüfprogramm aus, das er an den Verwaltungsrat, das Kuratorium, den Vorstand und die Geschäftsleitung sandte. Diese billigte das Programm. Er sandte es sodann an die für den Test ausersehenen Firmen, darunter die Firma *Schreivogel*, die daraufhin ihre grundsätzliche Billigung des „offensichtlich mit großer Sorgfalt und Fachkenntnis" erstellten Programms zum Ausdruck brachte. Im Februar beauftragte die *Stiftung Warentest* den *Technischen Überwachungsverein* (TÜV) mit

---

[147] BGH NJW 1988, 1978.

der Durchführung der im Programm vorgesehenen Überprüfung. Das tat der TÜV und schrieb einen vierhundertseitigen Bericht. Diesen Bericht wiederum wertete die *Stiftung Warentest* aus. Zu diesem Zweck bildete sie einen Auswertungsgsbeirat. In einer Sitzung dieses Beirats, an dem auch zwei Vertreter des *Internationalen Küchengeräteherstellerverbandes* (IKHV) teilnahmen, wurden die Bewertungsmethoden und die Gewichtung der Prüfungsergebnisse festgelegt. Drei der Toaster bekamen *sehr gut*, zwei *gut*, zehn *befriedigend*, einer *ausreichend* und vier *mangelhaft*. Diese Ergebnisse wurden in der vielgelesenen Zeitschrift *test* veröffentlicht. Der Toaster *DT 345* der Firma *Schreivogel*, ein Produkt aus der Weltraumforschung mit Leichtbedienelektronik, digitaler Bräunungsgradeinstellung, integriertem vollautomatischen Brötchenaufsatz und selbstreinigender Krümelschublade, war unter den Geräten, die wegen technischer Unzulänglichkeiten die Note *mangelhaft* erhielten. Der Umsatz sank einschneidend. Die Firma S. erhebt Klage mit dem Antrag, an sie Schadensersatz in Höhe der Umsatzeinbuße zu zahlen und der *Stiftung Warentest* zu verbieten, das entsprechende Testheft weiter zu verbreiten; außerdem zu erklären, daß die im Testheft veröffentlichten Bewertung hinsichtlich der Firma S. nicht weiter aufrechterhalten werde.
Wird die Klage Erfolg haben?

Nicht jeder Hersteller nimmt ein schlechtes Qualitätsurteil einfach hin. Die *Stiftung Warentest* mußte sich mit den Protesten der Hersteller oftmals vor Gericht herumschlagen, einige Male führten sie die Prozesse hinauf bis zum Bundesgerichtshof. Fast immer ging die *Stiftung Warentest* als Siegerin aus den Prozessen hervor. Nur ein einziges Mal mußte sie eine Niederlage einstecken. 1985 wurde ihr vom BGH fehlerhaftes Vorgehen bescheinigt, weil sie bei einem Preisvergleich von Selbstbedienungsmärkten zwei namensgleiche, aber voneinander unabhängige Handelsunternehmen versehentlich in einen Topf geworfen hatte.[148] Allerdings ist sie bisher noch nie bei einem Warentest zur Zahlung eines Schadensersatzes wegen Fehlern in der Prüf- und Bewertungsmethodik verurteilt worden, was hingegen anderen Zeitschriften widerfahren ist.[149] Nach § 823 BGB ist zum Schadensersatz verpflichtet, wer das Leben, den Körper, die Gesundheit, die Freiheit oder ein sonstiges Recht eines anderen verletzt. Zu den sonstigen Rechten gehört der eingerichtete und ausgeübte Gewerbebetrieb. Wenn also ein Warentest

---

[148] BGH AfP 1986, S. 47ff. („Globus-Märkte").
[149] Siehe: BGH NJW 1989, S. 1923f. (Lautsprecherboxen); OLG München NJW-RR 1997, 1330f. (Autoantennen).

oder ein Boykottaufruf zu Umsatzeinbußen führt, können Schadensersatzansprüche gegen den für die Verbreitung des Warentests oder Boykottaufrufs Verantwortlichen in Betracht kommen. In analoger Anwendung des § 1004 BGB kommen auch Unterlassungsansprüche des Betriebsinhabers in Betracht. Dem für die Verbreitung des Warentests oder Boykottaufrufs Verantwortlichen steht dagegen das Recht der freien Meinungsäußerung aus Art. 5 GG zur Seite.[150] Der Gewerbetreibende muß sich nämlich einer öffentlichen Kritik seiner Leistungen stellen.[151] „Eine solche Kritik ist nicht schon deshalb eine rechtswidrige Beeinträchtigung der gewerblichen Tätigkeit, weil sie ungünstig und dem Betroffenen nachteilig ist."[152] Hinzu kommt, daß die Grenzen der zulässigen Kritik weit zu ziehen sind, weil es sich bei Warentests um einen Beitrag zum geistigen Meinungskampf handelt, der die Öffentlichkeit wesentlich berührt.[153] Warentests sind nämlich unerläßlich, um Markttransparenz herzustellen. Sie dienen nicht nur dem Wohle des einzelnen Verbrauchers, sondern sind gleichzeitig unter volkswirtschaftlichen Gesichtspunkten schlechthin unerläßlich; zudem dienen sie darüber hinaus den wohlverstandenen Interessen der Hersteller und Anbieter, um deren Leistungen es geht. Aufgrund dessen spricht die Vermutung für die Zulässigkeit der freien Rede.[154] Bezogen auf Warentests heißt das: Die *Stiftung Warentest* hat einen angemessenen Spielraum für die von ihr vorgenommen Wertungen, weil sie anders die ihr im allgemeinen Interesse übertragenen Aufgaben gar nicht wahrnehmen kann.[155] Der Freiraum, welcher der *Stiftung Warentest* zusteht, ist erheblich. So ist sie bei ihrer Bewertung nicht an DIN-Normen gebunden, sondern kann in Verfolgung von Aufgaben des Verbraucherschutzes berechtigte Forderungen nach wei-

---

[150] Umfassend: *Brinkmann, Tomas*: Gewerbekritik zwischen freier Meinungsäußerung und Warentest, in: NJW 1987, S. 2721ff.
[151] Auch Gastronomiebetreiber sind Gewerbetreibende. Bei der Gastronomiekritik gesellen sich zusätzlich das Problem der Schmähkritik und der Kunstfreiheit hinzu. Zur Erheiterung seien folgende Entscheidungen empfohlen: OLG München NJW 1994, S. 1964 („Pygmäen-Lokal"): „[...] Nicht nur Größe und Atmosphäre lassen Spekulationen aufkommen, daß es sich bei dem Örtchen des Hauses im früheren Leben um ein Telefonhäuschen gehandelt haben muß. [...]"; OLG Düsseldorf AfP 1984, S. 52ff. Vorinstanz von: BGH NJW 1987, S. 1082ff. („Westfälischer Friede"): Das Restaurant ist innen so, wie man es sich von außen vorstellt: rustikales Ambiente mit blankgescheuerten Holzbänken. Die Tische sind eingedeckt mit orangen Tischsets und Papierservietten der zweitbilligsten Art. [...] Der einzige angebotene Fisch war ein armer Lachs, der den beschwerlichen Weg nach Münster mit dem Fahrrad zurücklegen mußte, so faserig und trocken, so völlig versalzen und oxydiert war er. Die als Meerettichsahne angekündigte Sauce schmeckte wie Industrietunke. [...]."
[152] BGH BB 1966, S. 1320 „Warentest I: Leberwurst".
[153] Vgl. BVerfGE 7, 198ff. (208, 212) „Lüth-Urteil".
[154] BGHZ 65, 325ff. (331f.) „Warentest II: Ski-Bindung".
[155] A.a.O., S. 332.

tergehendem Schutz stellen, das heißt, sie darf etwa im Bereich der Sicherheit strengere Anforderungen zugrunde legen.[156]
Die Sorgfaltsanforderungen, die innerhalb dieses Spielraums an die Warentester zu stellen sind, hat der Bundesgerichtshof in seiner bekannten *Warentestentscheidung* herausgearbeitet:

> Die Untersuchung muß *neutral* vorgenommen werden [...]; fehlt es daran, so wird die Unzulässigkeit der Testveröffentlichung vielfach schon aus den Regeln des Wettbewerbsrechts folgen [...]. Die Untersuchung muß *objektiv* sein, wobei allerdings anders, als überwiegend angenommen wird, nicht die objektive Richtigkeit eines gewonnenen Ergebnisses im Vordergrund steht [...], sondern das Bemühen um diese Richtigkeit. Weitere Voraussetzung ist, daß die der Veröffentlichung zugrunde liegende Untersuchung *sachkundig* durchgeführt worden ist.[157]

Sind diese Voraussetzungen erfüllt, steht den Warentestern ein erheblicher Spielraum zu, was die Angemessenheit der Prüfmethoden, die Auswahl der Testobjekte und die Darstellung der Untersuchungsergebnisse betrifft. Die Grenzen dieses Spielraums sind bei bewußten Fehlurteilen und Verzerrungen überschritten; ferner, wo die Art des Vorgehens bei der Prüfung und die aus den durchgeführten Untersuchungen gezogenen Schlüsse als nicht mehr vertretbar („diskutabel") erscheinen.[158] „Dann, aber auch erst dann, verfehlt der vergleichende Warentest das von ihm angestrebte Ziel."[159]

Legt man diese Gesichtspunkte zugrunde, ergibt sich im vorliegenden Fall kein Angriffspunkt gegen die durchgeführte Prüfung. Insbesondere ergeben sich keine Bedenken gegen das Prüfprogramm, das nicht nur von allen anderen Instanzen und Beteiligten, sondern sogar von S. selbst gebilligt worden war. Die Auswertungsmaßstäbe, das heißt die Bewertungsmethoden und die Gewichtung der Prüfergebnisse sind phänomenal akkurat ausgearbeitet worden. Der Beistand des *Internationalen Küchengeräteherstellerverbandes*, obzwar es ihn nicht wirklich gibt, garantierte zusätzliche Sachkunde. Die Klage wird keinen Erfolg haben.

---

[156] BGH NJW 1987, S. 2222ff. („Komposthäcksler"). Vgl. dazu: *Vieweg, Klaus*: Verbraucherschutz durch technische Normen und Warentests, in: NJW 1987, S. 2726f.
[157] BGHZ 65, 325ff. (334). Hervorhebungen im Original.
[158] Vgl. zu den Anforderungen an die Durchführung des Tests und Auswahl des Testmaterials: BGH NJW 1997, S. 2593ff. („Druckerkabel").
[159] BGHZ 65, 325ff. (334f.).

3. Rechtsberatung im Fernsehen

Der private Sender *Kanal Kobra* strahlte eine Fernsehsendung aus, die sich mit dem Insolvenzrecht beschäftigte. In den ersten dreißig Minuten der Sendung *Wir Schuldenmacher* wurden zunächst in Filmbeiträgen die Situation und die Probleme von Personen dargestellt, die aufgrund von Kreditverpflichtungen bei Banken, aufgrund von Arbeitslosigkeit oder anderen widrigen Umständen dergestalt in eine Situation der Überschuldung gerieten, daß ihnen aller Voraussicht nach eine Entschuldung zu Lebzeiten nicht mehr gelingen wird. In einem weiteren Filmbeitrag wurde das Verbraucherinsolvenzverfahren[160] vorgestellt.

Dann wurde den Zuschauern angeboten, anzurufen und Fragen zu stellen, die von „unseren eingeladenen Experten" (allesamt Juristen) beantwortet werden sollten. Ein Anrufer beispielsweise wollte die Frage klären, was er gegen die Weigerung seiner von ihm getrennt lebenden Ehefrau, sich an den gemeinsam aufgenommenen Schulden in Höhe von 20.000,- Euro zu beteiligen, für die er teilweise nur als Bürge unterschrieben habe, unternehmen könne. Er wurde darüber belehrt, daß er für die Rückzahlung der Kredite in allen Fällen gegenüber den Gläubigern in voller Höhe als Gesamtschuldner hafte und gegenüber seiner Ehefrau Ausgleichsansprüche habe. Ein anderer Anrufer wollte wissen, wie er seinen Schuldner, der inzwischen ein neues Geschäft betreibe und gegen den Pfändungen erfolglos verlaufen seien, zur Zahlung zwingen könne. Ihm wurde geraten, Konkursantrag zu stellen.

Advokat Arnulf Adler, der sich schon als Kind den Spitznamen Geier[161] erworben hatte, war ein recht mäßiger Jurist, den es in die Provinz (und dort auch noch auf die Schattenseite) verschlagen hatte. Dort ärgerte er sich jeden Tag, auf der Welt zu sein; wenn schon ungewollt in dieses Dasein geworfen, hätte er niemals die Jurisprudenz studieren dürfen, speichelte der Adler tagtäglich. Zu Recht, denn er hatte als Jurist keinen Erfolg. Die meiste Zeit des Tages verbrachte dieser neidische Geier damit, ganz genau darüber nachzudenken, wie er erfolgreichere Kollegen schädigen könnte. War das Kanzleischild zu groß? War das Briefpapier angemessen? Stand ein anderer Anwalt mal wieder in der Zeitung? Rechtsanwalt Adler sah die Sendung und fühlte sich sogleich berufen, einzuschreiten. Er ist der Ansicht, daß die Sendung gegen das Rechtsberatungsgesetz verstößt und erhebt

---

[160] Siehe Kapitel B, Teil X, Nr. 2; Ausführlich: *Wambach, Lovis M.*: Endlich schuldenfrei, Bonn: DeutscherAnwaltVerlag 2001.
[161] Sich von Aas und Abfall ernährende große Taggreifvögel mit nacktem Kopf und Hals.

Klage. Er möchte verhindern, daß zukünftig ähnliche Fernsehsendungen ausgestrahlt werden.
Wird er Erfolg haben?

Adler hatte fatalerweise vor Gericht damit Erfolg, Verbraucheraufklärung über das Medium Fernsehen[162] zu verhindern. Das Oberlandesgericht Nürnberg[163] verurteilte den Sender gemäß § 823 Abs. 2 BGB in Verbindung mit § 1004 BGB und Art. 1 § 1 RBerG auf Unterlassung. Den Unterlassungsanspruch begründete es damit, daß gegen das Rechtsberatungsgesetz nicht nur verstoße, wer tatsächlich unerlaubte Rechtsberatung durchführt, sondern auch derjenige, der anbietet, ankündigt oder damit wirbt, kostenlosen Rechtsrat im Einzelfall zu erteilen. Rechtsberatung ist jede auf die unmittelbare individuelle Förderung konkreter fremder Rechtsangelegenheiten gerichtete Tätigkeit. Entscheidend für den Begriff der Rechtsberatung ist, daß jemand rechtliche Aufklärung über einen bestimmten, ihn unmittelbar oder mittelbar interessierenden Einzelfall anstrebt und ihm diese Aufklärung in irgendeiner Weise, sei es in genereller oder spezieller Form, zuteil wird. Unter den Begriff der Rechtsberatung fällt insbesondere die Auskunft über die Rechtslage im Einzelfall in einem *Rechtsfall des praktischen Lebens*, die Aufklärung über die Möglichkeiten, Folgerungen aus der Rechtslage zu ziehen und der Rat an den Ratsuchenden, sich in einem bestimmten Sinne zu verhalten. Unerheblich für den Begriff der Rechtsberatung ist, ob die erteilte Antwort richtig oder fehlerhaft ist, ob sie die Frage erschöpfend beantwortet oder ob schließlich geraten wird, eine gütliche Einigung anzustreben oder einen Anwalt aufzusuchen. Insbesondere Entschuldung und Sanierungstätigkeit sind erlaubnispflichtige Rechtsbesorgungstätigkeiten. Der Sender, der die zur Erteilung von Rechtsrat im Einzelfall erforderliche Erlaubnis nicht besitzt, kann sich auch nicht darauf berufen, daß die als Experten mitwirkenden Personen die Befugnis zur Rechtsberatung hatten. Die unerlaubte Rechtsberatung wird nämlich nicht dadurch rechtens, daß der Handelnde sich dabei der Hilfe eines Rechtsberaters bedient. Wer Rechtsrat erteilt oder fremde Rechtsangelegenheiten besorgt, muß dazu in eigener Person befugt sein.[164] Mit einigen anderen ähnlich gelagerten Fällen wurden auch die „Schuldenmacher" vor den Bundesgerichtshof gezerrt.

---

[162] Siehe: *Huff, Martin W.*: Rechtsberatung in den Medien - Im Spannungsfeld zwischen unerlaubter Beratung und Pressefreiheit, NJW 2002, S. 2840f.
[163] OLG Nürnberg AfP 1998, S. 229f.
[164] Vgl. a.a.O., S. 230.

Der Bundesgerichtshof war dabei alles in allem sehr wohlwollend gegenüber Verbraucher- und Ratgebersendungen im Fernsehen und hatte die Klagen mit seinen Grundsatzentscheidungen, die gleich mehrere Fernsehsendungen („Wie bitte?!/ Mahn-Man",[165] „Mängel bei Urlaubsreisen/WISO",[166] „Bürgeranwalt",[167] „OHNE GEWÄHR"[168]) betrafen, abgewiesen. Er sah in den konkreten Auskünften und Ratschlägen in den Fernsehsendungen keine unzulässige Rechtsberatung, weil in diesen Programmbeiträgen nicht der Einzelfall und seine Lösung im Vordergrund stand, sondern der Kern und Schwerpunkt in der allgemeinen Information der Zuschauer über typische Rechtsprobleme lag. Auch in der sonstigen Unterstützung bei der Durchsetzung von Ansprüchen einzelner Zuschauer ausschließlich durch den Druck öffentlicher Berichterstattung war nach Ansicht des Bundesgerichtshofs keine unzulässige Rechtsberatung zu sehen, weil ein solches Verhalten nicht auf rechtlichem Gebiet liegt.

Der unvergessliche und beherzte *Mahnman* hatte nicht nur Fans beim Bundesgerichtshof, sondern auch - in einem anderen Verfahren - beim Bundesverfassungsgericht. Das Urteil des Oberlandesgerichts Köln[169] fand keine Zustimmung vor dem Bundesverfassungsgericht: „Vom Schutz der Rundfunkfreiheit umfasst ist nicht nur die generell-abstrakte Behandlung von Rechtsfragen in solchen Sendungen, sondern auch die aus Gründen der Veranschaulichung und Vertiefung erfolgende Darstellung einzelner konkreter Streitfälle."[170]

Im Fall „Wir Schuldenmacher"[171] hat der Bundesgerichtshof zwar nicht in der Erörterung der Rechtsprobleme in der Sendung selbst, jedoch in dem Angebot telefonischer Rechtsberatung außerhalb der Fernsehsendung einen Verstoß gegen das Rechtsberatungsgesetz gesehen, denn die Erteilung von Rechtsrat außerhalb der laufenden Sendung sei nicht mehr durch das allgemeine Interesse begründet, die Zuschauer anhand konkreter Fälle über typische Sachverhalte zu informieren. Außerdem stellte sich die Ankündigung für die Zuschauer als Angebot zu einer vollwertigen telefonischen Rechtsberatung dar. Bei einem Anruf außerhalb der Sendung konnten die Anrufer erwarten, daß sie ihr Problem im einzelnen darstellen konnten und eine darauf abgestellte umfassende Rechtsberatung erhalten würden.

---

[165] BGH NJW 2002, S. 2879f.
[166] BGH NJW 2002, S. 2880ff.
[167] BGH NJW 2002, S. 2877ff.
[168] BGH NJW 2002, S. 2884f.
[169] OLG Köln AfP 1998, S. 645f.
[170] BVerfG NJW 2004, S. 672f. (673).
[171] BGH NJW 2002, S. 2882ff.

IX. Produkthaftung/ Produzentenhaftung

Die Leute, denen die Geschichte in Bad Gandersheim passiert ist, hatten zwei Kinder, die noch ziemlich klein waren. Die Eltern gingen weg und hatten den Kindern vorher extra verboten, den Pudel rauszulassen, weil er noch jung und klein war. Sie hatten Angst, daß dem Hund etwas passieren könnte. Die Kinder spielten trotzdem draußen mit dem Hund. Es war Matschwetter. Der Hund wurde total dreckig. Deshalb haben die Kinder ihn abgeduscht. Er war dann pitschnaß. Sie hatten nun Angst, daß die Eltern das merken würden, und steckten den Pudel in die Mikrowelle zum Trocknen. Der Hund war tot und die Mikrowelle kaputt.[172]

Ich habe von einem Freund, der vor kurzem in Amerika war, eine lustige Geschichte über Mikrowellenherde gehört. Eine Frau wollte ihre ins Waschbecken gefallene Katze im Mikrowellenherd trocknen, da sie dachte, so ginge es am schnellsten. Das überlebte das Tier natürlich nicht. Daraufhin verklagte die Katzenbesitzerin die Herstellerfirma des Geräts und verlangte Schadensersatz. Nach einer Grundsatzentscheidung des amerikanischen Gerichts muß nun auf jeder Bedienungsanleitung der Zusatz stehen: Nicht geeignet zum Trocknen von Hunden und Katzen.[173]

Die Produkthaftung ist im Bürgerlichen Gesetzbuch als Teil des Rechts der unerlaubten Handlungen, im Produkthaftungsgesetz[174] und *en passant* in den Bestimmungen über Arznei- und Lebensmittel geregelt. Der Bundesgerichtshof hat mit seiner Rechtsprechung die Produzentenhaftung präzisiert und weiterentwikkelt.[175] Der Produzent hat die Pflicht, Konstruktion, Fabrikation und Instruktion nach dem neuesten Stand der Technik auszurichten. Er muß seinen Betrieb so organisieren, daß Konstruktions-, Fabrikations-, Organisations-, Produktbeobachtungs- und Gebrauchsfehler tunlichst vermieden werden. Für nach dem Stand der Technik unvermeidbare Fehler oder für Ausreißer hat er nicht einzustehen. Der Geschädigte muß den Nachweis erbringen, daß das Produkt mit einem Fehler behaftet, und daß dieser Fehler ursächlich für den erlittenen Schaden war. Seit der

---

[172] Brednich, Rolf Wilhelm: Die Spinne in der Yucca-Palme/ Die Maus im Jumbo-Jet: Sagenhafte Geschichten von heute, Frankfurt am Main: Büchergilde Gutenberg 1990/91, S. 180f. (Nr. 139 Der Pudel in der Mikrowelle).
[173] A.a.O., S. 181 (Nr. 140 Trockner für die Katz'). Das kollektive Erzählgut der „modernen Sagen" ist in der Weise „wahr", als es von vielen geglaubt wird.
[174] Zur Einführung: *Michalski, Lutz*: Das Produkthaftungsgesetz, in: Jura 1995, S. 505ff.
[175] Die wichtigsten Fälle sind: BGHZ 51, 91ff. (Hühnerpest); BGHZ 67, 359ff. (Schwimmschalter); BGHZ 80, 186ff. und 199ff. (Apfelschorffälle); BGHZ 92, 143ff. (Kupolofen); BGHZ 99, 167ff. (Honda/ Lenkerverkleidung); BGH BB 1988, 1624ff. (Wasserflasche); BGH NJW 1992, 560ff. (Kindertee).

Hühnerpest-Entscheidung[176] ist für Konstruktions- und Fabrikationsfehler eine Beweislastumkehr statuiert. Nicht der Geschädigte hat ein Verschulden des Produzenten zu beweisen; vielmehr muß umgekehrt der Produzent beweisen, daß ihn an dem Fehler des Produkts kein Verschulden trifft. Kann er nicht darlegen, daß er seinen Betrieb ordnungsgemäß organisiert hat, so gilt der Fehler als verschuldet.

Nach dem Produkthaftungsgesetz haftet der Produzent für durch ein fehlerhaftes Produkt entstandene Schäden auch ohne Verschulden (Gefährdungshaftung); er haftet also auch für Ausreißer, für die er nach den Grundsätzen der Produzentenhaftung nicht einstandspflichtig wäre.

1. Schutzblech

Albert Albatros ist ein begeisterter Radfahrer. Er liebt es, auf zwei Rädern aus eigener Kraft über den Radweg zu fliegen, fast wie ein Vogel. Dieses Gefühl ist so wundervoll, daß auch die Sonne, die im Sommer brennt, es kaum zu mindern vermag. Im Winter, wenn der kalte Wind fast den knallroten Schnabel abfallen läßt, überlegte Albert schon manchmal, ob der öffentliche Nahverkehr an manchen Tagen nicht eine Alternative wäre. Um sich dieser destruktiven Gedanken zu entledigen, die so ganz gegen seine Ideologie verstießen, kaufte Albert ein neues Rad. Noch auf der Jungfernfahrt kam es nach zehn Kilometern zu einer verhängnisvollen titanichaften Kausalkette, welche die plötzliche Blockade des Vorderrades auslöste. Einer der Reflektoren des Rades hatte sich während der Fahrt gelöst und war nach außen geklappt. Das sich weiterdrehende Vorderrad hatte den Speichenstrahler gegen die Streben des vorderen flexiblen Kotschützers (Schutzblech) geschleudert, der sich daraufhin zusammenfaltete und gegen die Vorderradgabel gedrückt wurde. Dadurch wurde das Vorderrad innerhalb von Sekundenbruchteilen blockiert. A. hatte keine Zeit mehr, sich dem abrupt einsetzenden negativen Beschleunigungsprozeß anzupassen. Albert flog (diesmal wirklich) über den Lenker und verletzte sich erheblich. Das Rad wurde schwer beschädigt. Einige Zeit vor dem Unfall waren zwei Artikel in Fachzeitschriften erschienen, die auf das Problem der flexiblen Kotschützer aufmerksam machten, nämlich der Beitrag *Verflixtes Blech* in der Zeitschrift *Radfahren* und der Artikel *fly, biker, fly* in der Zeitschrift *Aktiv Radfahren*. Der Hersteller des Rades beruft sich darauf, daß sowohl das Blech, als auch die Anbringung den geltenden DIN-Normen entsprochen

---

[176] BGHZ 51, 91ff.

habe. Außerdem sei es vermutlich ein dünner Ast gewesen, der sich in das Schutzblech geklemmt habe und nicht einer der Speichenreflektoren, deren Anbringung im übrigen vorgeschrieben sei. Schließlich mögen die Artikel zwar erschienen sein, eine Lösung der technischen Probleme sei dort aber nicht vorgeschlagen worden. Eine Auslieferung der Räder ohne Schutzbleche sei auch keine Lösung gewesen. Ein Informationszettel hätte die Verbraucher nur unnötig verwirrt und nichts geändert, denn kaum jemand fahre ohne Schutzbleche, weil man sich dabei doch arg beschmutze.
A. macht Schadensersatz für das Rad und Schmerzensgeld für sich gegenüber dem Hersteller geltend.
Wie ist die Rechtslage?

Da Albatros mit dem Hersteller keine vertragliche Beziehung hat, kommen vertragliche Ansprüche nicht in Betracht. Das Produkthaftungsgesetz gewährt A. zwar einen *verschuldensunabhängigen* Anspruch auf Schmerzensgeld, allerdings gibt es keinen Anspruch auf Ersatz des Fahrrades, weil keine andere Sache als das fehlerhafte Produkt beschädigt worden ist (§ 1 Abs. 1 Satz 2 ProdHaftG). Hier könnte die deliktische Produzentenhaftung aus § 823 Abs. 1 BGB weiterhelfen, die A. gleichfalls ein Schmerzensgeld (§ 253 Abs. 2 BGB) und darüber hinaus einen Anspruch auf Schadensersatz an die Hand geben würde. Anders als bei der Produzentenhaftung ist Voraussetzung für diesen Anspruch ein *Verschulden*. Ein Verschulden des Herstellers liegt vor. Es ist unerheblich, ob sich ein Speichenreflektor gelöst hat, oder ob ein Ast den Unfall ausgelöst hat. In einem wie im anderen Fall hätte das Schutzblech standhalten müssen. Die die Fahrlässigkeit des Herstellers begründende Sorgfaltspflichtverletzung liegt darin, daß der Unfall vorhersehbar und vermeidbar gewesen wäre, wenn der Hersteller seiner Produktbeobachtungspflicht[177] nachgekommen wäre. Die Produktbeobachtungspflicht umfaßt auch die Beobachtung von Fachzeitschriften. Der Hersteller hätte durch Versuche prüfen müssen, ob die in den Zeitschriftenartikeln angesprochenen Probleme auf sein Produkt zutreffen. Der Einwand, daß in den Zeitschriften keine alternierende technische Lösungsmöglichkeit für das Dilemma angeboten wurde, verfängt nicht. Der Hersteller hätte bis zur endgültigen Lösung des Problems entweder die Fahrräder ganz ohne Schutzbleche ausliefern müssen oder dort, wo dies aus optischen und damit absatzpolitischen Gründen nicht in Frage gekommen

---

[177] BGHZ 80, 186ff. und 199ff. (Apfelschorffälle); BGHZ 99, 167ff. (Honda/ Lenkerverkleidung).

wäre, ihre Vertriebshändler dahingehend instruieren müssen, ihren Kunden einen von ihm gefertigten Informationszettel auszuhändigen, in dem auf die Gefährlichkeit des Schutzbleches und die bislang fehlende technische Alternative hingewiesen worden wäre.[178]

Daß das Schutzblech im Einklang mit DIN-Normen angebracht worden war, mindert die Haftung nicht. Die Pflicht, erkennbare Gefahren bei der Benutzung von Produkten abzuwenden, besteht nämlich unabhängig davon, ob eine entsprechende DIN-Norm besteht oder noch nicht geändert wurde.[179]

A. wird mit seinen geltend gemachten Ansprüchen durchdringen.

2. Adventskerzen

Sandra Salamander kaufte bei *Rudis Resterampe*[180] zum reduzierten Sonderpreis von 0,99 Cent eine Packung Adventskerzen, um die Vorweihnachtszeit ein bißchen heimelig zu gestalten. Die Kerzen brannten auch recht apart, allerdings wurde die gesamte Wohnung von S. stark mit öligen Rußpartikeln verschmutzt, wodurch ein Schaden von 8.000,- Euro entstand. Auf der Kerzenpackung war keine Herstellerangabe auszumachen. S. forderte *Rudis Resterampe* auf, den Hersteller der Kerzen zu benennen. Diese benannte die Firma *Trottellumme* als Lieferanten. Die Angabe war jedoch recht ungenau: Weder die Adresse noch die Telefonnummer stimmten. Außerdem war die Angabe auch noch unrichtig, wie sich alsbald herausstellte. S. möchte *von Rudis Resterampe* Ersatz ihres Schadens und erhebt Klage. Rudi wendet ein, daß in seiner Ladenkette Allgemeine Geschäftsbedingungen aushängen, deren eine lautet:

> Für unsere Waren ist jedwede Schadenersatzpflicht ausgeschlossen, sofern uns nicht außergewöhnlich grobe Fahrlässigkeit zur Last fällt. Überdies erklärt sich der Kunde beim Kauf reduzierter Ware damit einverstanden, daß das Gesetz über die Haftung für fehlerhafte Produkte (Produkthaftungsgesetz) auf preisreduzierte Ware keine Anwendung findet.

---

[178] LG Berlin MDR 1997, S. 246f.
[179] Das gilt entsprechend auch für die Zulassung nach der Sprengstoffverordnung (LG Flensburg VersR 1998, S. 66f. „Kleinstfeuerwerk") oder Unfallverhütungsvorschriften (BGH NJW 1999, S. 2815ff. „Papierreißwolf").
[180] S. hat die Kerzen nicht bei *Rudis Resterampe* gekauft. Dieser alliterierende Name ist aber im Zusammenhang mit diesem Fall dermaßen formvollendet, daß ich mir erlaubt habe, ihn hier zu verwenden. Rudi möge das verzeihen.

Der Rechtsanwalt von S. erhebt trotzdem Klage, die er auf das ProdHaftG stützt, und fordert 8.000,- Euro Schadensersatz.
Wird die Klage in vollem Umfang Erfolg haben?

Der Fall bietet drei Problempunkte: die Herstellerhaftung, den Haftungsausschluß und die Selbstbeteiligung bei Sachbeschädigung nach dem Produkthaftungsgesetz.[181]
Als erstes ist Rudi nicht Hersteller der Kerzen, so daß eine Haftung zunächst nicht in Betracht kommt. Er muß sich allerdings nach § 4 Abs. 3 ProdHaftG als *Quasihersteller* behandeln lassen. Diese Vorschrift besagt, daß dann, wenn der Hersteller eines Produkts nicht festgestellt werden kann, jeder Lieferant als dessen Hersteller gilt, es sei denn, daß er dem Geschädigten innerhalb eines Monats, nachdem ihm dessen Aufforderung zugegangen ist, den Hersteller oder diejenige Person benennt, die ihm das Produkt geliefert hat. Rudi hat den Lieferanten nur ungenau, beziehungsweise falsch benannt, so daß S. nicht in die Lage versetzt wurde, sich unmittelbar an den Hersteller oder Lieferanten zu wenden und diesen zu verklagen. Rudi haftet also nach §§ 1, 3 ProdhaftG für den Schaden. S. kann auch nicht vorgeworfen werden, sie hätte den Schaden mitverursacht (Mitverschulden). Man hätte von ihr möglicherweise in dem Fall verlangen können, die brennenden Kerzen ständig zu beobachten und den Docht zu kürzen, falls sie darauf und auf die mit dem Abbrennen der Kerzen verbundenen Risiken hingewiesen worden wäre.
Der in den AGB vorgesehen Haftungsausschluß kann allein deshalb schon nicht greifen, weil nach § 14 ProdHaftG die Ersatzpflicht nach dem Produkthaftungsgesetz im voraus weder ausgeschlossen noch beschränkt werden kann. Entsprechende Vereinbarungen sind nichtig.
Allerdings wird die Klage trotzdem nicht in vollem Umfang Erfolg haben, weil der Rechtsanwalt die Selbstbeteiligung bei Sachbeschädigung in Höhe von 500,- Euro übersehen hat, die das Produkthaftungsgesetz dem Geschädigten auferlegt (§ 11 ProdHaftG). Er hätte nur 7.500 Euro einklagen dürfen und haftet der S. wegen dieses Fehlers nun auf Ersatz der anteiligen Gerichts- und Anwaltskosten, die sich aus dem teilweisen Unterliegen ergeben.

---

[181] Vgl. LG Lübeck VersR 1993, S. 1282ff. mit Anmerkungen von *Michael Weber*.

3. Saunaaufguß

Rüdiger Rattenigel ist Pastor. Ein Pastor ist eine Art Sozialarbeiter in göttlicher Mission. Da hat man es wohl manchmal noch schwerer, als wenn man Verbraucherberater ist. Ein Verbraucherberater ist ein Sozialarbeiter, der nicht im Auftrag des HERRN unterwegs ist, aber einige juristische Staatsexamina angesammelt hat, die ihn für diese Aufgabe sogleich und trefflich qualifizieren. Beide Berufsgruppen sind unterbezahlt. Besonders der Verbraucherberater, denn der Pastor kann ja darauf hoffen, als Belohnung für seine Profession, als steuerfreier Bonus sozusagen, in das Himmelreich einzugehen. Darauf kann der Verbraucherberater nicht hoffen, namentlich wenn er, als steuerlastiger Bonus sozusagen, nebenher Rechtsanwalt ist. Denn wiederholt muß er Verbrauchern und Klienten nahelegen, zu flunkern oder die Wahrheit zu verschleiern. Das sieht und hört der ALLMÄCHTIGE bestimmt nicht gern und sammelt gewiß schon Belastungsmaterial für das Jüngste Gericht. Während der Verbraucherberater sich nach der Arbeit damit beschäftigen muß, Entlastungsmaterial für das Endgerichtsverfahren zu sammeln, kann sich der Pastor vom Streß des Tagesgeschäfts in der Sauna erholen. Das Diesseits ist schon ungerecht eingerichtet vom WELTENSCHÖPFER. Aber manchmal schlägt auch ein Funken göttlicher Gerechtigkeit und göttlichen Humors in das irdische Dasein ein.

Eines Tages nämlich, als der Pastor in der Sauna herumschwitzt, erlaubt sich der ALLGÜTIGE einen üblen Scherz, der sogleich geschildert werden soll. Am Anfang jedoch war die Badeordnung, die im Eingangsbereich des Bades aufgehängt war. Die „10 Gebote für Saunabesucher" enthielten die Anweisung, daß alle Benutzer der Sauna gefragt werden müßten, bevor ein Aufguß gemacht wird. Hinweise darauf, wie ein solcher Aufguß *lege artis*[182] hergestellt werden soll und wer einen Aufguß bereiten darf, enthielt dieser *Dekalog* nicht. Das Schwimmbad verwandte für den Aufguß das Konzentrat mit dem Namen *Lohe*, das in Fünf-Liter-Kanistern geliefert wurde. Die Kanister trugen ein Etikett mit dem Firmennamen und der Inhaltsbezeichnung Sauna-Aufguß-Konzentrat *Lohe*. Darunter befand sich - in kleinerer Schrift - eine Gebrauchsanweisung mit folgenden Worten: „Höchst konzentriert. Einem Sauna-Aufguß von ca. 250 ml Wasser ca. 5 Tropfen zusetzen. Flasche nicht erhitzen und außerhalb der Sauna aufbewahren. Vorsicht brennbar!" Der Kanister hatte einen Schraubverschluß, ohne Tropfmechanismus. Das Konzentrat besteht zu 100% aus ätherischen Ölen (Gemisch aus Eucalyptus-Öl und

---

[182] Kunstgerecht.

doppelt rektifizierten[183] Limonen) und hat einen Flammpunkt von 51 °C. Das Konzentrat wird bei der Herstellung eines Aufgusses einer im Verhältnis großen Wassermenge (5 Tropfen auf ¼-Liter) zugesetzt; es vermischt sich nicht mit dem Wasser, sondern schwimmt auf dessen Oberfläche. Wird die Aufguß-Flüssigkeit in der üblichen Weise auf die heißen Steine des Saunaofens geschüttet, entsteht schlagartig ein Wasserdampf-Stoß, der das verdunstbare ätherische Öl mit sich reißt und in der Saunaluft gleichmäßig verteilt. Dieser Vorgang ist bei der vom Hersteller vorgeschriebenen Mischung ungefährlich, obwohl das Konzentrat als solches leicht brennbar ist. Übersteigt jedoch der Anteil des Konzentrats einen bestimmten Grenzwert, dann kann es bei der Verwendung zu einer Verpuffung kommen, ausgelöst durch die hohe Temperatur des Saunaofens.

Während der Pastor also in der Sauna schwitzte, kam der Aushilfsbademeister Konrad Katzenhai vorbei und meinte, es sei Zeit für einen Aufguß. Als alle Anwesenden nickten, ging er in den Nebenraum und goß ordentlich Konzentrat und Wasser in einen Bottich. Zurück in der Sauna äußerte er: „Jetzt werde ich mal so richtig einheizen." Dann goß er den Inhalt des Bottichs über die erhitzten Stein des Ofens. Es kam zu einer Verpuffung, eine drei bis vier Meter hohe Stichflamme schoß aus dem Ofen und entzündete das Holz der Sauna, das sofort brannte. In der Sauna breitete sich eine helle Flammenfront aus, wobei sich das auch auf der Haut der Saunagäste niedergeschlagene Aufgußkonzentrat entzündete. Die Saunagäste stürzten mit brennender Haut hinaus. Der Pastor erlitt Verbrennungen zweiten Grades und mußte intensiv und langwierig behandelt werden.

Seinem neckenden HERRGOTT hat Rattenigel diesen Vorgeschmack auf Hölle und Fegefeuer verziehen, will aber trotzdem irdische Gerechtigkeit und Genugtuung. Kann ihm geholfen werden?

Als Anspruchsgrundlagen kommen die §§ 1, 3 Abs. 1a ProdHaftG und die §§ 823 Abs. 2, 253 Abs. 2 BGB in Betracht. Sachgerecht ist es, zunächst zu prüfen, ob man gegen den Hersteller vorgehen kann. Der Hersteller des Saunaaufgusses haftet für die Betriebssicherheit seines Produkts. Sind mit der Verwendung des Produkts besondere Gefahren verbunden, so muß der Hersteller darauf mittels einer klar gefaßten detaillierten Gebrauchsanweisung in geeigneter Weise hinweisen (Instruktionspflicht). Die Warnpflicht besteht nicht nur in bezug auf den bestimmungsgemäßen Gebrauch, sondern auch auf einen naheliegenden Fehlgebrauch. Inhaltlich müssen die Warnhinweise derart abgefaßt sein, daß darin die

---

[183] Trennung von Flüssigkeitsgemischen durch wiederholte Destillation.

bestehenden Gefahren für das Verständnis des Verbrauchers plausibel werden. Das ist aber nur dann der Fall, wenn die Art der drohenden Gefahr deutlich herausgestellt wird, damit der Produktanwender sie nicht erst durch eigenes Nachdenken, möglicherweise erst aufgrund von Rückschlüssen, voll erfassen kann. Dabei müssen auch die Funktionszusammenhänge klar gemacht werden, so daß erkennbar wird, warum das Produkt gefährlich ist.[184] Gemessen an diesen Grundsätzen stellt der Text auf dem Etikett keine ausreichende Belehrung über die Gefahren einer falschen Aufgußmischung dar. Der Text enthält zwar am Ende den Hinweis „Vorsicht brennbar!", diese Warnung bezieht sich allerdings nicht auf den nach Mischung hergestellten Aufguß, sondern nur auf das Konzentrat selbst. Den warnenden Worten geht nämlich unmittelbar der Hinweis voraus, daß die Flasche nicht erhitzt werden dürfe, und daß sie außerhalb der Sauna aufbewahrt werden müsse. Der durchschnittliche Leser bezieht deshalb die Warnung allein auf den Behälter des Konzentrats und damit auf das Konzentrat selbst. Daß auch der nach Mischung von Konzentrat und Wasser bei falscher Dosierung hergestellte Aufguß verpuffen kann, läßt sich daraus nicht entnehmen.

Es kommt hinzu, daß es wegen der extremen Gefährlichkeit einer Überdosierung der textlichen und bildlichen Betonung dieser Gefahr in der Gebrauchsanweisung bedarf. Es ist, anders ausgedrückt, erforderlich, die textliche Warnung vor einem falschen Mischungsverhältnis so deutlich zu machen, daß sie auch einem flüchtigen Leser sofort ins Auge springt, etwa durch Fett- und Großdruck oder die Verwendung eines Gefahrensymbols."[185]

Daß das Konzentrat an ein Schwimmbad als Großunternehmer mit entsprechendem Fachpersonal geliefert wurde, entbindet den Hersteller nicht von dieser Pflicht, weil immer damit gerechnet werden muß, daß das Mittel in die Hände von Laien gelangt, seien es eben Aushilfsbademeister oder Saunagäste selbst. Der Instruktionsfehler war dementsprechend mitursächlich für die Brandverletzungen des R. Bei einer gebotenen deutlichen Gefahrenwarnung wäre es, wenn man das Geschehen hypothetisch erneut ablaufen läßt, zu keiner Überdosierung gekommen. Der Verursachungszusammenhang wird auch nicht dadurch unterbrochen,

---

[184] BGH NJW 1992, 560ff. (561) „Kindertee"; vgl. auch: BGH NJW 1999, S. 2273ff. („Schnullerflasche") und BGH NJW 1999, S. 2815ff. „Papierreißwolf" mit ablehnenden Anmerkungen von: *Littbarski, Sigurd*: Kapriolen um die Instruktionspflichten des Herstellers, in: NJW 2000, S. 1161ff.

[185] OLG Düsseldorf NJW-RR 1992, S. 534ff. (535).

daß im Rahmen des Gesamtgeschehens noch andere Ursachen (die Badeordnung, die keine spezifizierten Anweisungen und Warnungen enthielt; das Fehlverhalten des Konrad Katzenhai) eine Rolle spielten, die von anderen zu vertreten sind. Das führt nur dazu, daß man parallel auch gegen die Mitverursacher (etwa gegen Konrad Katzenhai beziehungsweise den Betreiber des Schwimmbades) vorgehen könnte. Schließlich kann man auch aus der Tatsache, daß die Saunagäste nickten, als K. den Aufguß bereiten wollte, kein Mitverschulden oder gar eine Einwilligung herleiten. Das Nicken bezog sich nämlich allein auf die Bereitung eines kunstgerechten Saunaaufgusses.

R. hat aus diesem Grunde einen Anspruch gegen den Hersteller auf Ersatz der Heilbehandlungskosten zum einen aus Produkthaftung gemäß §§ 1 Abs. 1 Satz 1, 3 Abs. 1a, 15 Abs. 2 ProdHaftG, zum anderen aus deliktischer Haftung gemäß § 823 Abs. 1 BGB. Darüber hinaus steht ihm ein Anspruch auf ein angemessenes Schmerzensgeld (zirka 2.000,- bis 3.000,- Euro) zu, sowohl aus §§ 1 Abs. 1 Satz 1, 8 Satz 2 ProdHaftG als auch aus §§ 823 Abs. 1, 253 Abs. 2 BGB. Nur soweit kann ihm geholfen werden. Mehr gibt die irdische Gerechtigkeit nicht her.

X. Verbraucherkredite/ Fernabsatz/ Mahnverfahren

Viele Verbraucher sind mit *Geldverträgen*, so bezeichnen sie Darlehens- und Bürgschaftsverträge oft, kraß überfordert. Weder können sie, was auch wirklich nicht leicht ist, erkennen, wie teuer ein Kredit ist, noch ist ihnen gegenwärtig, was geschehen kann, wenn sie die Raten nicht mehr zahlen können. Gesetzliche Grundlage für diese Kontrakte ist das Bürgerliche Gesetzbuch.
Die §§ 491 ff. BGB zwingen die Anbieter von Verbraucherkrediten und Ratenlieferungsverträgen, den Verbrauchern Berechnungen und Angaben offenzulegen. Fehlen wichtige Angaben, ist der Kreditvertrag nichtig (§§ 494, 502 BGB). Außerdem räumt das Gesetz den Verbrauchern eine Überlegensfrist (zwei Wochen) ein, innerhalb derer sie den Vertrag widerrufen können (§§ 495, 355 BGB), was sie aber meist nicht tun.
Raten- und Kreditkauf („jetzt kaufen, später zahlen") überfordert viele Verbraucher genauso wie die Unübersichtlichkeit des Budgets bei der bargeldlosen Zahlung mit EC- und Kreditkarten und die Verlockungen des e-commerce, bei dem der Akt des Konsums oft losgelöst von jedem real verfügbaren Etat erfolgt. Mit

dem Besuch beim Kredithai[186] („Bargeld sofort") schnappt die Schuldenfalle oft endgültig zu.
Die Überforderung der Verbraucher mit Krediten, den Banken und vor allem mit dem Mahnverfahren wird offenbar an der Mitschrift eines Verbrauchers zum Beginn dieses Jahrtausends über das zweckmäßige Verhalten im Mahnverfahren, nachdem es mit den Geldverträgen auf der Sollseite Ärger gegeben hatte und der Vollstreckungsbescheid ins fremdfinanzierte Eigenheim geflattert war.

Diese Mitschrift hat entweder die juristischen Belehrungen über die Gefahren der Rechtskraft eines Vollstreckungsbescheides in eine Geheimschrift chiffriert oder sie ist vollkommen wertlos.

1. Pay-TV

Exzessiv kann der Verbraucher auch im Internet die virtuelle Schaulust in realen Konsum umsetzen. Dabei gibt es aber Fallstricke, die, zunächst virtuell, sich später als ganz reales Unglück erweisen können. Falls Verbraucher etwas im

---

[186] Der Kredithai ist ein Raubfisch, der den Ruf eines Menschenfressers hat. Allein mit seiner Schwanzflosse kann er einen unachtsamen Verbraucher erschlagen. Er schwimmt mit weit offenem Maul und nimmt riesige Mengen Wucherzinsen auf, die er aus dem Ozean des Unsterns siebt. Oft läßt er sich dabei träge herumtreiben. In den Wintermonaten wandert er gerne in wärmere Gewässer.

Ausland bestellen, kann es Probleme geben, Reklamationsrechte durchzusetzen. Dies allein schon deshalb, weil häufig nicht klar sein wird, welches nationale Recht gerade gilt. Das wissen oft nicht einmal die dafür zuständigen *Kollisionsrechtskoryphäen*. Doch selbst dann, wenn deutsches Recht gilt, kann es arge Probleme geben, wie der folgende Fall demonstriert.

Wenn die Menschen verzweifelt sind, bestellen sie sich Pay-TV-Decoder, um sich zu betäuben. Pippo Paradiesvogel konnte dem verlockenden Angebot von *Vampir-TV* nicht widerstehen. Dort gibt es den ganzen Tag und die ganze Nacht Top-Kino, Top-Erotik und Top-Sport. Der Preis, den man dafür zahlen muß, beträgt per Monat 19,99 Euro für das Programm + 3,99 Euro für die Decodermiete. Außerdem muß man eine einmalige, rückzahlbare Kaution für den Decoder in Höhe von 60,- Euro hinterlegen. P. bestellte im Internet über die Homepage von *Vampir-TV* und bekam den Decoder, den dazugehörigen persönlichen Schlüssel, die Bedienungsanleitung und das Programmheft zugeschickt. Der Vertrag hat eine Mindestlaufzeit von 12 Monaten und verlängert sich automatisch, wenn man nicht sechs Wochen vor Ablauf des Jahres kündigt. P. läßt die Beträge von seinem Konto abbuchen. Über etwaige Widerrufsrechte ist P. nicht belehrt worden. Eines Tages, nach dreimonatigem Konsum, begreift P., daß es albern ist, durch ein flimmerndes Fenster anderen Leuten zuzuschauen. Das meiste, was man dort sieht, ist, obwohl faszinierend, überflüssig. Die lebenden bunten Bilder, die einem vorgegaukelt werden, sind so natürlich, daß man sie, wüßte man es nicht besser, für *wahr* halten kann. So kommt es auch, daß die meisten Menschen, die in ihre Fernseher glotzen, alles für bare Münze nehmen. Deshalb nimmt die Mehrzahl der Fernsehgucker die Realität nicht mehr wahr und ersetzt die Wahrnehmung durch das, was sie aus dem Fernseher erfahren. Und so sitzt die Mehrzahl der Menschen jede freie Minute, sofern sie nicht eben mit ihrer Arbeit beschäftigt sind, vor dem Fernseher. So kommt es auch, daß der Fernseher das wichtigste Gerät ist, das die Menschheit kennt. Lieber verzichten die Leute auf ihr heißgeliebtes Automobil, auf anständige Mahlzeiten, lieber verzichten sie auf ein vernünftiges Bett und einen anständigen Herd, als daß sie auf den Fernseher verzichten würden. Auch die ärmsten Menschen in Europa haben einen Fernseher. Sie würden lieber Frau und Kind verpfänden, ja selbst die Seele feilbieten, sie würden lieber bei Kälte nackt auf der Straße herumlaufen, sofern sie nur ihren Fernseher behalten können.[187]

---

[187] Die Ansichten über den Fernsehkonsum sind teilweise entnommen aus: *Rosendorfer, Herbert*: Briefe in die chinesische Vergangenheit, München: dtv 1986, S. 226.

Diesen Wahnsinn möchte P. nicht mehr mitmachen. Er zerschlägt seinen Fernseher, schickt den Decoder zurück und kündigt den Vertrag. So einfach aber, schreibt *Vampir-TV*, könnte man nicht entkommen und verweist auf den Vertrag. Pacta sunt servanda[188] gelte auch für Fernsehtoren. Wird Paradiesvogel trotz der Übermacht der Fernsehsüchtigen seinen neuen Lebenswandel durchsetzen können, ohne bis zum Ende der Vertragslaufzeit zahlen zu müssen?

Das kommt zunächst darauf an, ob P. über sein Widerrufsrecht[189] nach §§ 505, 355 BGB hätte belehrt werden müssen, was hier nicht geschehen ist. Der sich rechnerisch bis zur ersten vertraglich vorgesehenen Kündigungsmöglichkeit ergebende Betrag liegt auch oberhalb der Bagatellgrenze von 200,- Euro (§§ 505 Abs. 1 Satz 1 Nr. 3 Abs. 1 Satz 2; 491 Abs. 2, Nr. 1 BGB).

Zur Beantwortung der Frage kommt es aber darauf an, ob Pay-TV-Verträge Ratenlieferungsverträge sind. Außer für Verbraucherkreditverträge gilt das Widerrufsrecht auch für Verträge, deren Inhalt ist: die Lieferung mehrerer zusammengehörend verkaufter Sachen in Teilleistungen, die regelmäßige Lieferung von Sachen gleicher Art und die Verpflichtung zum wiederkehrenden Erwerb oder Bezug von Sachen (§ 505 Abs. 1, Nr. 1-3 BGB). Hierunter fallen beispielsweise der Bezug von Buchreihen oder mehrbändigen Lexika, nach und nach geliefert werden, oder die Lieferung von Zeitschriftenabonnements. Nun werden aber aufgrund des Pay-TV-Vertrages keine Sachen im Sinne der §§ 90, 91 BGB geliefert. Jedoch kommt eventuell eine analoge Anwendung in Betracht,

> da eine Regelungslücke vorliegt und der Normzweck beide Fälle deckt. Analogie ist Übertragung der für einen oder mehrere bestimmte Tatbestände im Gesetz vorgesehenen Regel auf einen anderen, aber rechtsähnlichen Tatbestand. Sie überschreitet die Grenze des möglichen Wortsinnes, die für die eigentliche Auslegung eine (allerdings nicht immer streng beachtete) Schranke darstellt. [...] Analogie ist daher die Anwendung der Rechtsfolgen bestimmter Rechtssätze oder mehrerer bestimmter Rechtssätze auf einen anderen Sachverhalt als auf den, den seine Norm auch nach der Auslegung regelt, wegen der Rechtsähnlichkeit der Fallentscheidung.[190]

---

[188] Verträge sind einzuhalten.
[189] Zu anderen Widerrufsrechten siehe: Kapitel B, Teil II, Nr. 1 und 2, sowie die Einleitung zu diesem Kapitel.
[190] LG Koblenz VuR 1998, S. 266ff. (267f.).

Nachdem es sein methodisches Vorgehen vorbildlich erklärt hat, begründet das Gericht den Analogieschluß mit dem Schutzzweck des Gesetzes. Die Verbraucher sollen nämlich davor geschützt werden, sich finanziellen Belastungen auszusetzen, die sie nicht sofort in voller Höhe übersehen können. Dieser Schutz muß auch anläßlich des Abschlusses von Pay-TV-Verträgen gewährt werden, weil sich auch hier die genaue finanzielle Belastung nicht auf den ersten Blick erkennen, das heißt, aus dem Stand errechnen und überblicken läßt. Aus diesem Grunde müssen Pay-TV-Verträge ebenso behandelt werden wie Verträge, welche die Lieferung von Sachen gleicher Art zum Gegenstand haben, wie zum Beispiel der Bezug von Zeitungen oder Zeitschriften.[191]

Dem Bundesgerichtshof lief diese verbraucherfreundliche Betrachtungsweise zuwider. Er sieht die Sache so:

> Eine analoge Anwendung eines Gesetzes kann [...] nicht schon damit begründet werden, daß bei einem nicht geregelten Tatbestand auf Seiten eines Beteiligten ein Interesse vorliegt, das demjenigen vergleichbar ist, dessen Schutz der Gesetzgeber durch die Gesetzesvorschrift in deren unmittelbaren Anwendungsbereich bezweckt hat. Eine solche Betrachtungsweise würde die Interessen der anderen Beteiligten zu Unrecht vernachlässigen. [...]
> Entscheidend ist aber, dass der Gesetzgeber für solche Verträge trotz der Erörterung dieser Frage in Rechtsprechung und Literatur bis zum gegenwärtigen Zeitpunkt kein Widerrufsrecht des Verbrauchers eingeführt hat, obwohl er die gesetzliche Regelung, um deren Anwendung es geht, wiederholt geändert hat. [...] Diese Gesetzesgeschichte spricht dafür, dass der Gesetzgeber die Einbeziehung von Pay-TV-Abonnementverträgen in die für Ratenlieferungsverträge geltenden Regelungen nicht als sinnvoll angesehen hat.[192]

Wenngleich ein Widerrufsrecht nach den §§ 505, 355 BGB nicht besteht, könnte sich ein Widerrufsrecht daraus ergeben, daß P. den Vertrag über das Internet abgeschlossen hat. Ob ein Widerrufsrecht nach den Vorschriften über den Fernabsatz (§§ 312b ff. BGB) besteht, hat der Bundesgerichtshof in seiner Entscheidung ausdrücklich offen gelassen.

Bei Verträgen, die ohne die gleichzeitige körperliche Anwesenheit der Vertragspartner zustande kommen, wird den Verbrauchern gegenüber dem Unternehmer Schutz gewährt. In Betracht kommende Fernkommunikationsmittel (§ 312b Abs. 2 BGB) sind beispielsweise: Briefe, Kataloge, Fernsehen und Hörfunk, Tele-

---

[191] A.a.O., S. 268.; das Landgericht Hamburg vertritt unter Bezugnahme auf das Urteil des LG Koblenz die gleiche Meinung (LG Hamburg VuR 2000, S. 253f.).
[192] BGH NJW 2003, S. 1932ff. (1933).

fonanrufe, Telefaxe, SMS-Nachrichten, E-Mails, Internet-Homepages und Internet-Auktionen.

Die Vorschriften über den Fernabsatz finden allerdings nur Anwendung, wenn der betroffene Unternehmer nicht nur ausnahmsweise und eher zufällig eine Bestellung per Internet, Telefon oder anderen Fernkommunikationsmitteln abwickelt, sondern den Fernabsatz mit einer gewissen Regelmäßigkeit betreibt. Anzeichen für eine solche Regelmäßigkeit ist die für eine solche Vertriebsform notwendige Ausstattung und Organisation, wie etwa automatisierte Bestellmöglichkeiten auf der Homepage des Anbieters. Dabei ist auch nicht Voraussetzung, daß der Unternehmer seine Produkte und Dienstleistungen ausschließlich im Wege des Fernabsatzes vertreibt.

Der Unternehmer ist im Fernabsatz verpflichtet, den Verbraucher über die Einzelheiten seines Widerrufsrechts zu belehren. Das Widerrufsrecht ergibt sich aus den §§ 312d Abs. 1 in Verbindung mit § 355 BGB.

Die Ausnahmevorschrift des § 312d Abs. 4 Nr. 3 kann schon deshalb nicht greifen, weil der Bundesgerichtshof in seiner oben genannten Entscheidung ausdrücklich festgestellt hat, daß die Zusendung von Fernsehbildern der Lieferung von Zeitungen, Zeitschriften und Illustrierten nicht gleichgestellt sind.

Da P. nicht über sein Widerrufsrecht belehrt wurde, hat er auch jetzt noch (§ 355 Abs. 3 Satz 3 BGB) das Recht, zu widerrufen und muß nicht weiter Fernsehen schauen.

2. Mahnbescheid

Im Januar 1985 gewährte die Barrakudabank dem Frührentnerehepaar Kuckuck zur Befriedigung ihrer ungestümen Konsumwünsche (unter anderem ein neues Schlafzimmer und andere irdische Güter) einen Ratenkredit zu folgenden Bedingungen:

Darlehensbetrag	15.000,- Euro
Bearbeitungsgebühren	450,- Euro
Bankgebühren	150,- Euro
Restschuldversicherung	1.123,- Euro
Kreditgebühren (1,0%pM)	7.023,- Euro
Wechselsteuer	38,- Euro
Inkassogebühren	126,- Euro
Gesamtkredit	23.910,- Euro

Der Kredit sollte mit 42 Raten von 570,- Euro zurückbezahlt werden. Das Ehepaar zahlte elf Raten und stellte dann die Zahlungen wegen zahlreicher anderer kleinerer Verpflichtungen ein. Die Bank kündigte das Darlehen. Das Paar zahlte daraufhin zehn Monatsraten zu 350,- Euro. Um guten Willen zu demonstrieren, wurde auch eine kleine Erbschaft in Höhe von 5.700,- Euro an die Bank weitergereicht. Aus Dankbarkeit schickte die Bank einen Mahnbescheid, den Herr Kuckuck wegen allgemeiner Hoffnungslosigkeit zu den anderen Mahnungen unter das Bett warf. Den nachfolgenden Vollstreckungsbescheid spülte Frau Kuckuck durch den Lokus. Wegen der turnusmäßigen Stippvisite des Gerichtsvollziehers leistete das Pärchen in den folgenden Jahren weitere 21.000,- Euro. Zehn Jahre nach der Kreditaufnahme wanderte das ehemals ansehnliche Schlafzimmer auf den Sperrmüll und die Kuckucks stellten alle Zahlungen ein, weil sie sich ausgerechnet hatten, daß sie mittlerweile mehr als 36.500,- Euro an die Bank gezahlt hatten. Außerdem haben sich Kuckucks bei der örtlichen Schuldnerberatung ausrechnen lassen, daß der Kredit den damaligen Marktzins um 120% überstieg. Voller Einsicht hinsichtlich dieses Rechenexempels und der Lage ihrer Kunden, trat die Bank ihre Forderung an ein Inkassounternehmen ab, das als neue Gläubigerin gegen die Schuldner jahrelang unerbittlich vollstreckte und vollstreckt und immer weiter vollstrecken wird, wie das Unternehmen androht.
Ist das möglich?

Kreditverträge sind sittenwidrig, wenn der effektive Jahreszins beträchtlich höher ist, als der marktübliche Zins. Grundlage für die Festlegung des Marktzinses ist der von der Deutschen Bundesbank ermittelte Schwerpunktzins. Sittenwidrig ist ein Verbraucherkreditvertrag, dessen vertragliche Effektivbelastung den marktüblichen Zins um circa 100% überschreitet. Die Berücksichtigung der prozentualen Abweichung führt nicht immer zu sachgerechten Ergebnissen. Deshalb wird auch auf die absolute Abweichung von Markt- und Vertragszins abgestellt, wobei die Grenze zwischen zwölf und dreizehn Prozentpunkten liegt.[193] Diese Grenze stellt allerdings nur einen Orientierungswert dar. Zur Sittenwidrigkeitsprüfung gehört eine zusammenfassende Würdigung des Inhalts und des Zwecks des Vertrages sowie der gesamten Geschäftsumstände.[194] Die Sittenwidrigkeitsgrenze ist hoch gesteckt. Sittenwidrig kann ein Kredit- oder Bürgschaftsvertrag auch sein, wenn ein Vertragspartner damit wirtschaftlich überfordert ist. Doch

---

[193] BGH NJW 1988, S. 1659ff.; WM 1990, S. 669ff.
[194] Wichtige Rechtsprechung zu Ratenkrediten: BGH WM 1988, S. 645ff.; 647ff.; NJW 1987, S. 2220ff.

auch hier sind die Grenzen hoch gesteckt, weil es jedermann frei steht, sich durch risikoreiche Geschäfte für den Rest seines Lebens zu verschulden.[195] Das ist die Vertragsfreiheit, Privatautonomie genannt, die es selbst Einkommenslosen gestattet, sich zu ruinieren.[196]

Der Kredit, den Kuckucks aufnahmen, ist mit seinem enormen Marktzins durchaus als sittenwidrig einzustufen. Aber, und das ist das Problem des Falls: es existiert ein Titel (hier: ein rechtskräftiger Vollstreckungsbescheid). Nur unter ganz besonderen Umständen können Schuldner gegen die Vollstreckung aus Titeln vorgehen, indem sie unter Berufung auf § 826 BGB auf Unterlassung der Zwangsvollstreckung und Herausgabe des Titels klagen. Eine solche Anwendung des § 826 BGB ist aber auf besonders schwerwiegende Ausnahmefälle beschränkt, weil ansonsten das Institut der Rechtskraft ausgehöhlt werden würde.[197] Um der Rechtssicherheit Willen darf die Rechtsordnung über das Institut der Rechtskraft in Kauf nehmen, daß selbst unrichtige Gerichtsentscheidungen oder Vollstreckungstitel für den Einzelfall endgültig verbindlich sind. Ob die Rechtsprechung bei der Abwägung zwischen dem Grundsatz Rechtssicherheit und der Forderung nach Gerechtigkeit zu der bestmöglichen Lösung gekommen ist, ist sekundär.[198]

Allein der hohe Marktzins reicht nicht aus, um die Rechtskraft zu durchbrechen. Es müßten noch andere, schwerwiegende (besondere) Umstände hinzukommen (beispielsweise die Erschleichung des Titels oder zusätzliche sehr belastende Vertragsbedingungen), was hier aber nicht der Fall ist. Darin, daß Kuckucks schon viel mehr zurückbezahlt haben, als sie ursprünglich mußten, erblickt die Rechtsprechung auch keine sittenwidrige Ausnutzung des Titels. Vielmehr ist das im vorliegenden Fall lediglich eine Folge der langen Dauer der Kreditabwicklung und kein besonderer Umstand, der die weitere Vollstreckung unerträglich erscheinen ließe.[199]

Kuckucks befinden sich in einer mißlichen, aber häufigen Lage, die schließlich den Gesetzgeber auf den Plan rief. Für Mahnverfahren, die Verbraucherkredite betreffen, ist seit dem 01.01.1992 eine Art Schlüssigkeitsprüfung eingeführt wor-

---

[195] BGHZ 107, 92ff.
[196] Vgl. OLG Bamberg WM 1225f.; in einer neueren Entscheidung zeigte der Bundesgerichtshof etwas Milde: BGH NJW 2000, S. 1182ff.
Das OLG Stuttgart (NJW 1988, S. 833ff.) sah einen Ratenkreditvertrag als nichtig an, wenn ein Schuldner damit einen Vertrag über sein künftiges Vermögen eingeht.
[197] BGHZ 101, S. 381ff.
[198] BVerfG WM 1993, S. 1326.
[199] BGH ZIP 1990, S. 1319ff. (1321).

den. Gemäß § 690 Abs. 1 Nr. 3 Halbs. 2 ZPO sind für Ansprüche aus Verträgen, für welche die Vorschriften über Verbraucherkredite (§§ 491ff. BGB) gelten, das Datum des Vertragsschlusses und der effektive Jahreszins anzugeben. Liegt dieser um zwölf Prozentpunkte über dem bei Vertragsschluß geltenden Bundesbankdiskontsatz (was nach der Rechtsprechung die Sittenwidrigkeit indiziert), findet das Mahnverfahren gemäß § 688 Abs. 2 Nr. 1 ZPO nicht statt; der Rechtspfleger hat den Antrag gemäß § 691 Abs. 1 Nr. 1 ZPO zurückzuweisen. Ihm obliegt nicht nur, die Zinsdifferenz auszurechnen, sondern auch die Beurteilung der Rechtsfrage, ob für einen Vertrag die Vorschriften über Verbraucherkredite (§§ 491ff. BGB) gelten.[200] Die später eingeführte Schlüssigkeitsprüfung wiederum hilft Kuckucks nicht mehr für ihren alten Vollstreckungsbescheid.

Das OLG Stuttgart sah einen Ratenkreditvertrag als nichtig an, wenn ein Schuldner damit einen Vertrag über sein künftiges Vermögen eingeht. Das Gericht[201] postulierte das unveräußerliche Menschenrecht auf Glück, das niemandem genommen werden dürfe. Diesen Rechtsgrundsatz leitete es unter Berufung auf die Präambel der Unabhängigkeitserklärung der Vereinigten Staaten aus Art. 1 und 2 des Grundgesetzes her. In der Geldwirtschaft, in der wir leben, so das Gericht, sind denjenigen Menschen, die lebenslänglich auf das Existenzminimum herabgedrückt bleiben, die allermeisten Freiheiten ein Leben lang verwehrt. Aus diesem Grunde dürfe es keine lebenslange Haftung für Geldschulden geben. Diese Betrachtungsweise hat sich nicht durchgesetzt.

Allerdings hatte der Gesetzgeber ein Einsehen. Nach langem Ringen trat 1999 die neue Insolvenzordnung in Kraft. Mit Einführung des Verbraucherinsolvenzverfahrens[202] am ersten Januar 1999 und vor allem seit seiner Reform am 01.12.2001 haben Verbraucher die Möglichkeit, innerhalb von sechs Jahren von ihrem Schuldenberg loszukommen. Private Schuldner und auch privat haftende Kleingewerbetreibende können beim zuständigen Insolvenzgericht einen Antrag auf *Restschuldbefreiung* stellen, wenn sie zahlungsunfähig geworden sind. Das Gesetz sieht vor, daß die Schuldner den Versuch unternommen haben müssen, sich zuvor mit ihren Gläubigern außergerichtlich zu einigen. Gelingt dieser Vergleich, gibt es kein Insolvenzverfahren. Gelingt er nicht, kommt es zunächst zum *Schuldenbereinigungsverfahren*. Hierbei unterstützt das Gericht den Schuldner, eine Einigung mit den Gläubigern herbeizuführen. Gelingt auch das nicht, kommt

---

[200] Umfassend: *Bülow, Peter*: Schlüssigkeitsprüfung im Verbraucherkredit-Mahnverfahren, in: Rpfleger 1996, S. 133ff.
[201] OLG Stuttgart NJW 1988, S. 833ff. (äußerst lesenswert!).
[202] Ausführlich: *Wambach, Lovis M.*: Endlich schuldenfrei, Bonn: DeutscherAnwaltVerlag 2001.

es zum eigentlichen Insolvenzverfahren. Dann setzt das Gericht einen *Treuhänder* ein, der das verbliebene Vermögen vorab verwertet. Danach muß der Schuldner sechs Jahre lang eine sogenannte *Wohlverhaltensperiode* durchlaufen. Während dieser Phase muß er sein pfändbares Einkommen an den Treuhänder abtreten, der es jährlich an die Gläubiger weiter verteilt. Während dieser Zeit muß der Schuldner aber auch bestimmte Auflagen (Obliegenheiten) erfüllen: Er muß vor allem Geld verdienen. Wer arbeitslos ist, muß sich nachweisbar um Arbeit bemühen. Wer erbt, muß die Hälfte herausgeben - und so fort. Nach Ablauf der Frist erteilt das Gericht die Restschuldbefreiung, wenn der Schuldner allen Obliegenheiten nachgekommen ist. Damit ist das Verfahren beendet und man ist schuldenfrei.

Das Gesetz wird langfristig auch Veränderungen mit sich bringen, die schon lange angemahnt wurden. So werden die Banken, die an der Überschuldung vieler Verbraucher oft eine Mitschuld trifft, in Zukunft mit der Vergabe von Krediten vorsichtiger sein müssen, was für viele unbedarfte Verbraucher in letzter Konsequenz auch Vorteile haben wird.

XI. Miszellaneen

> [...] für dieses Leben
> Ist der Mensch nicht schlau genug.
> Niemals merkt er eben
> Allen Lug und Trug.[203]

In diesem Kapitel geht es um juristische Plagen, die in solchem Maße törichte Verbraucherveralberung sind, daß es sie eigentlich gar nicht geben dürfte. Gleichwohl muß man sich in der Praxis der Verbraucherberatung, von Tag zu Tag mißmutiger, immer wieder damit befassen. Sowohl der Erfolg des Lockmittels der Gewinnversprechen von Gewinnspielfirmen, als auch der einsame Sex über das Telefon, der sogenannte *Telefonsex*, gehen Psychologen und Sozialwissenschaftler in demselben Maße an, wie die Juristen. Während die einen jedoch allerhöchstens die Ursachen von Vereinsamung und sexuellem Suchtverhalten (Verlockungen der „Wortbordelle") oder der formidablen Leichtgläubigkeit der Gewinnspielmillionäre („Gier frißt Hirn") erforschen und darstel-

---

[203] *Brecht, Bertolt*: Das Lied von der Unzulänglichkeit menschlichen Strebens, in: Die Dreigroschenoper, in: Stücke Bd. III, Berlin: Aufbau 1955, S. 111.

len können, verbleibt es bei den Juristen, die pekuniären Miseren der stussigen Chose mit juristischen Mitteln abzuwehren.

1. Gewinnspiele/Reisegewinne

Die Deutschen sind ein Volk von Gewinnern. Auch Frau Erna Eule aus Eisenzicken ist eine glückliche Gewinnerin. Die Firma *Spottdrossel* wählte ganz persönlich Frau Eule aus, um ihr diverse Werbeschreiben zukommen zu lassen. Eine feine Sache. Peter Huck lächelt solide aus der Ecke des Briefes. Er ist der Zuteilungsamtmann des hochoffiziellen Zuteilungsamtes. Er sieht seriös aus. Sicher schummelt er nicht einmal beim Lohnsteuerjahresausgleich. Ihm traut man zu, daß ihm seine wichtigen Mitteilungen wirklich am Herzen liegen. Er schreibt hochoffizielle Prosa:

> Sehr geehrte Frau Eule,
> wie wir aus unseren Unterlagen ersehen können, haben Sie in unserer letzten Aktion 4.300,- Euro gewonnen, dieses Guthaben haben Sie bis heute aber noch nicht abgerufen. Inzwischen sind Zinsen in der Gesamthöhe von 42,28 Euro angefallen und ordnungsgemäß gutgeschrieben worden. Die Gesamtsumme beträgt somit jetzt 4.342,28 Euro. Damit Ihr Guthaben nicht verfällt, rufen Sie es unbedingt noch heute ab. Kleben Sie dazu einfach Ihre Guthaben-Marke (Siehe oben rechts auf diesem Brief), auf den beiliegenden Anforderungsschein, und senden Sie ihn zusammen mit Ihrer unverbindlichen Testanforderung innerhalb von 14 Tagen an Frau Schiffer zurück. <u>Um Ihnen die Rücksendung einfacher zu machen, haben wir den beiliegenden Antwort-Umschlag bereits vorbereitet. Sie brauchen ihn nur noch mit Ihrer unverbindlichen Testanforderung einzusenden. Der Auszahlung steht dann nichts mehr im Wege.</u>[204]
> Mit freundlichem Gruß Ihr Peter Huck, Zuteilungsamtmann

Dem Brief und Katalog beigefügt ist ein hübsches Sparbuch; fast wie bei einer Bank sieht es aus, mit stabiler Plastikfolie überzogen. Frau E. klebt die Gewinnmarke auf das Gewinnfeld und bestellt ein Tischfeger-Set aus handgehämmertem Silber zum Vorzugkennenlernpreis von nur 89,- Euro und für 19,90 Euro den Spray „Grabstein-Neu", mit dessen Hilfe unansehnliche Grabsteine „im Nu" wieder „wie neu" werden.

Frau E. wartet auf ihren Gewinn, wartet und wartet. Herr Huck meldet sich nicht.

---

[204] Unterstreichungen im Original.

„Ich habe doch gewonnen", erzählt Frau E. empört allen, die es nicht wissen wollen. Der Grabstein ist schon wieder gar nicht mehr so neu, da hat sie ihren Gewinn noch immer nicht.
Was tun?

Eine Auszahlung des Gewinns aufgrund einer Auslobung (§ 657 BGB) kommt nicht in Betracht, weil es bereits an der dafür erforderlichen Aussetzung der Auslobung als öffentliche Bekanntmachung fehlt. Gewinnversprechen sind auch keine Preisauschreiben (§ 661 BGB), weil es an einer zu lösenden Aufgabe fehlt, oder diese von jedermann gelöst werden kann. Ein besonderer Vertrag, etwa ein Lotterie- und Ausspielungsvertrag (§ 762 BGB) liegt nicht vor. Subsumiert man eine Gewinnzusage unter den Begriff des Schenkungsversprechens (§ 518), bedürfte es zu seiner Wirksamkeit der notariellen Beurkundung. Es wäre deshalb nichtig (§ 125 BGB). Der Mangel der Form ist auch nicht unschädlich. Das wäre nur der Fall, wenn es nach Treu und Glauben (§ 242 BGB) unbillig wäre, das Rechtsgeschäft am Mangel der Form scheitern zu lassen. Da das Schenkungsversprechen bei Gewinnspielen mit keinerlei Gegenleistung oder Verpflichtung verbunden ist, kann der Formmangel nicht als unschädlich angesehen werden. Daß die Gewinnspiele wettbewerbswidrig sind,[205] kommt dem einzelnen Verbraucher nicht zugute, sondern lediglich dem Mitbewerber des unlauteren Wettbewerbers.[206]
Der Gesetzgeber fühlte sich Anfang des neuen Jahrtausends berufen, diesem Mißstand ein Ende zu bereiten, und fügte den Paragraphen 661a (Gewinnzusagen) in das BGB ein, der Unternehmer verpflichtet, versprochene Preise an die Verbraucher auszuzahlen. „Die feinen Mechanismen der zivilrechtlichen Dogmatik können nun nicht mehr dazu benutzt werden, den ahnungslosen Verbraucher hinters Licht zu führen."[207] Einige Gewinnspielfirmen glaubten, einer gerichtlichen Inanspruchnahme in Deutschland entgehen zu können, indem sie ihren Sitz ins Ausland verlegten oder die Gewinnmitteilungen aus dem Ausland verschickten. Dieser Praxis hat der Bundesgerichtshof[208] einen Riegel vorgeschoben. Der Gerichts-

---

[205] LG Offenburg VuR 1998, S. 245ff.
[206] OLG Düsseldorf NJW 1997, S. 2122ff. („Gute Fee").
[207] *Lorenz, Stephan*: Im BGB viel Neues: Die Umsetzung der Fernabsatzrichtlinie, in: JuS 2000, S. 833ff. (842).
Umfassend: *Braun, Stefan*: Gewinnzusagen bei „Gewinnspielen", in: VuR 2003, S. 214ff.
[208] BGH NJW 2003, S. 426ff. - Besprechung der Entscheidung: *Leible, Stefan*: Bingo! Gewinnbestätigung jetzt auch aus Karlsruhe, in: NJW 2003, S. 407ff. Der Bundesgerichtshoft vertrat darüber hinaus die Ansicht, daß die Regelung des § 661 nicht verfassungswidrig ist (BGH NJW 2003, S. 3620f.). Diese Auffassung ist verfassungsrechtlich nicht zu beanstanden (BVerfG NJW 2004, S. 762) - Besprechung der Entscheidung: *Schröder, Reiner/* und *Thie-*

stand für eine auf eine Gewinnzusage gestützte Klage besteht am Wohnsitz des Verbrauchers.

Frau E. kann klagen. Sie wird gewinnen. Aber das Risiko ist hoch, daß sie wegen erfolgloser Vollstreckung alle Kosten tragen muß.

Reisegewinne sind die lästigen kleinen Verwandten der Gewinnspiele. Es gibt viele Firmen, die versuchen, sich durch die Verlosung sogenannter Reisegewinne auf Kosten der Verbraucher zu bereichern. Die Aktionen der Veranstalter laufen immer nach dem gleichen Muster ab. Der Verbraucher bekommt eine Benachrichtigung, daß er eine Reise gewonnen hat und freut sich ein wenig ungläubig. Mißtrauen ist auch angebracht, denn studiert man diese Benachrichtigungen genauer, ist man erstaunt. Die Reiseunternehmen drohen, daß der Gewinner Gefahr läuft, sich ein Doppelzimmer für mehrere Nächte mit einer unbekannten Person teilen zu müssen, sofern er nicht den Einzelzimmerzuschlag bezahlt. Der Zuschlag ist meist sehr hoch. Das ist, als werde einem weisgemacht, man habe einen Porsche gewonnen, bekäme dann aber nur die Räder und müsse den Rest der Luxuskarosse auf eigene Kosten komplettieren. Solcherlei Reisegewinne sind für die Verbraucher also kein Spaß. Mittlerweile gibt es zahlreiche Gerichtsurteile,[209] welche die Machenschaften dieser Reiseunternehmen als wettbewerbswidrig einstufen, weil die Gewinner von Reisen weitere Mitreisende aus ihrem Bekanntenkreis anwerben. Eine derartige Kundenwerbung, die als unlautere *Laienwerbung* eingestuft wird, ist sittenwidrig. Denn die Gewinner stehen unter dem Druck, daß sie sich die gewonnene Reise auf der einen Seite nicht ohne weiteres entgehen lassen wollen, auf der anderen Seite den Einzelzimmerzuschlag zahlen oder eine Begleitperson finden müssen, wenn sie nicht mit einer wildfremden Person zusammen übernachten möchten. Heutzutage, wo man ganz selten etwas aus reiner Menschenfreundlichkeit bekommt, läuft man Gefahr, daß sich ein Gewinn als so niederträchtig und bösartig herausstellen kann, daß man nur dankend verzichten und sich gar nicht mehr erinnern kann, wie man nach der Rechtschreibreform das Wort *Philanthropie* eigentlich schreiben soll, geschweige denn, was es in unserer Zeit noch bedeuten könnte.

---

ssen, Jan: Gewinnzusagen beim Wort genommen - zur Verfassungsmäßigkeit von 661a BGB, NJW 2004, S. 719ff.
Vgl. auch: OLG Köln VuR 2003, S. 474ff. (Anmerkungen von Christian Schneider) und OLG Düsseldorf VuR 2004, S. 67ff.
[209] Für alle anderen: LG Berlin RRa 1998, S. 166ff.

2. Telefonsex/ Flirt-Lines

Der Mensch ist ein komplexes Wesen. Er wird allerdings übertroffen durch die Technik, die er sich erschafft und über die er die Kontrolle verloren hat, ohne es zu bemerken. So verwundert es kaum, daß die Technik den Menschen immer mehr beherrscht und überwindet. Mittlerweile dringen die Maschinen in elementare Urinstinkte des Menschen ein. So soll es virtuellen Sex geben. Das mag dahinstehen, sogenannten Telefonsex jedenfalls gibt es tatsächlich schon. Diese Form der menschlichen Sexualität ist ein aufstrebender Wirtschaftszweig. Viele vertelefonieren - besonders mit den transportablen Fernsprechapparaten - nicht unerhebliche Summen. Das kurbelt die Wirtschaft an. Das ist gut. Auch Moritz Mücke tut alles in seiner Macht stehende, damit das Bruttosozialprodukt gesteigert wird. Allerdings zu viel. In einem Monat schafft er es, für über 10.000,- Euro die Wirtschaft in Fahrt zu bringen. Leider verdient er monatlich nur ein Zehntel dieses Betrages. Das ist schlecht. Die Telefonfirma schickt einen Mahnbescheid. Was soll man ihm raten? Bezahlen oder nicht bezahlen? Das ist hier die Frage. Mücke fragt einen Juristen. Juristen sind eine ganz absonderliche Spezies der Gattung Mensch. Ihnen ist das Bruttosozialprodukt fremd. Sie können nicht wirtschaftlich denken und auch nicht rechnen. Was sie eigentlich genau können, ist Nichtjuristen (so heißen alle undisziplinierten, unwissenden und unlogisch denkenden Menschen, die im Gegensatz zu Volljuristen keine juristischen Examina abgelegt haben) oft ein Rätsel. Der Jurist blättert und blättert in einem dicken roten Gesetzesordner, in den Bibeldünndruckpapier geheftet ist. Darin nämlich ist er gut, wirklich gut. Und er findet einen Paragraphen, mit dem man den Anspruch der Telefonfirma vielleicht zu Fall bringen kann, wie er hofft. Entweder nämlich prüfen die Juristen, ob ein Anspruch vorliegt und wie man ihn durchsetzen kann, oder sie prüfen, wie man einen Anspruch wieder zu Fall bringt. Es sind destruktive Menschen. Manche sind aber trotzdem ganz annehmlich - und man merkt ihnen ihre Denkweise, die ihnen während der zehnjährigen Juristenausbildung eingehämmert wurde, nicht immer an. Es gibt sogar welche, die ein Musikinstrument spielen können. Ganz seltene Exemplare interessieren sich überdies für Kunst und Literatur. Der Jurist jedenfalls, den Mücke zu seinem Problem befragt, ist der Meinung, daß Mücke vielleicht nicht zahlen muß. „Dann wird ja am Ende ein ganzer Wirtschaftszweig ruiniert", gibt Mücke mit schlechtem Gewissen zu bedenken. „Das kümmert uns nicht", sagt der Jurist, „Wirtschaft kommt und geht. Die Gesetze hingegen bestehen. Sie sind das Fundament, auf dem alles ruht." „Was denn

alles?", fragt Mücke. „Alles eben", sagt der Jurist, „und jetzt fertigen wir schnell einen feurigen Schriftsatz, den wir an die Firma schicken."
Wird es dem Juristen mit diesem Schriftsatz allen Ernstes gelingen, den blühenden Wirtschaftszweig der Telefonsexdienstleistungen zu zerstören?

Der Bundesgerichtshof[210] hatte im vergangenen Jahrtausend klargestellt, daß er Darlehensverträge im Zusammenhang mit Telefonsexkarten als sittenwidrig einstuft. Damit waren diese Verträge nichtig, und es konnten keine Ansprüche aus ihnen hergeleitet werden (§ 138 BGB). Die Sittenwidrigkeit von Verträgen ist ein heikles Gebiet. Sittenwidrig sind nämlich solche Rechtsgeschäfte, die gegen das *Anstandsgefühl aller billig und gerecht Denkenden* verstoßen. Dabei sind im Wege einer Gesamtwürdigung auch der Inhalt, der Zweck und die Begleitumstände des Geschäfts, sowie die Vorstellungen und Beweggründe der Beteiligten zu berücksichtigen. Typische Beispiele sind: Wucher, Machtmißbrauch, Knebelungsverträge und schließlich Verstöße gegen die Sexualmoral. Der Bundesgerichtshof meinte, daß sich das Unwerturteil über den Telefonsex daraus ergebe, daß beim Telefonsex die Anbieter das Sexualverhalten ihrer Kunden in verwerflicher Weise ausnutzten und die Gesprächspartnerinnen zum bloßen Sexualobjekt herabgewürdigt würden. Denn es könne davon ausgegangen werden, daß bei diesen Gesprächen der Anrufer die Möglichkeit zur Selbstbefriedigung oder zu anderen (das führte der BGH nicht aus) sexuellen Praktiken erhalte oder auf Wunsch hierzu animiert werde. Ansonsten, das hätte der BGH vielleicht klarstellen müssen, um seinen Kritikern vorzugreifen, macht Telefonsex ja überhaupt keinen Sinn.
Die Entscheidung des BGH betraf nun aber ein Darlehen im Zusammenhang mit Telefonsexkarten. Es ging also nicht *direkt* um Telefonsexrechnungen. Das hat einige Instanzengerichte[211] dazu verleitet anzunehmen, Telefonsexleistungen seien nicht sittenwidrig, weil der Fall, den der BGH zu entscheiden hatte, ein klein wenig anders gelagert war. Andere Instanzengerichte, wohl in der zutreffenden Erwägung, daß obergerichtliche Judikatur nie so genau paßt wie ein juristisches Kondom, sahen auch die Verträge mit Telefonsexanbietern als nichtig an.[212] Die Verwirrung der Instanzengerichte sollte binnen kurzem ein Ende haben, weil sich der Gerichtshof bald auch mit den Telefonsexanbietern selbst auseinandersetzte,

---

[210] BGH NJW 1998, S. 2895ff. (Telefonsexkarten); Ablehnende Anmerkungen: *Schulze, Götz*: Das Geschäft mit der Stimme - Zur Sittenwidrigkeit von Verträgen über sog. Telefonsex - BGH, NJW 1998, 2895, in: JuS 1999, S. 636ff.
[211] Etwa: LG Bielefeld NJW-RR 1999, S. 1512ff.
[212] Etwa: OLG Stuttgart NJW-RR 1999,S. 1430f.; OLG Düsseldorf NJW-RR 1999, S. 1431ff.

allerdings erst in diesem Jahrtausend.[213] Und, man hat es selbst gar nicht so recht gemerkt, die Moralvorstellungen haben sich in den seither vergangenen Jahren doch erheblich liberalisiert. Die Deutschen verschlingen die Romane von Michel Houellebecq, allerdings zu Recht. Lebensechte Sexpuppen aus Silikon (Brustumfang, Schuhgröße und Schamhaarfarbe nach Wahl des Kunden) zum Preis eines Kleinwagens haben Konjunktur, und endlich, endlich: Prostitution ist mit keinem Makel mehr behaftet und erlaubt.[214] Da mag auch der Bundesgerichtshof nicht zurückstehen. Natürlich ist es für ein so hohes Gericht genierlich, seine Meinung so mir nichts dir nichts von einem zum nächsten Jahrtausend um 180 Grad umzukehren. Man muß aber die Worte, mit denen das Gericht die Frage der Sittenwidrigkeit erst einmal offen läßt, genau in der Weise deuten: Kehrtwende. Den Fall selbst schlägt das Gericht dann anders tot. Wie man auch immer Telefonsexverträge bewerten mag, den Netzbetreiber geht die Sache in keinem Fall etwas an:

> Bei der Frage, ob und wie sich die Sittenwidrigkeit eines telefonisch abgeschlossenen Vertrages auf den Vergütungsanspruch des Netzbetreibers auswirkt, ist zu beachten, dass dieser an dem zu beanstandenden Rechtsgeschäft nicht, und zwar auch nicht als Bote (§ 147 Abs. 1 Satz 2 BGB), beteiligt ist. Er hat keinen Einfluss darauf, welche Teilnehmer zu welchen Zwecken in telefonischen Kontakt treten. Der Inhalt der geführten Gespräche ist für ihn nicht kontrollierbar und geht ihn grds. nichts an. Daher stellt der zwischen einem Netzbetreiber und seinem Kunden geschlossene Telefondienstvertrag ein wertneutrales Hilfsgeschäft dar mit der Folge, dass sowohl die Wirksamkeit des Vertrages überhaupt als auch der Entgeltanspruch für die vertragsgegenständliche TK-Dienstleistung davon unberührt bleibt, ob ein Fernsprechteilnehmer die durch das Anwählen einer bestimmten Anschlussnummer hergestellte Fernsprechverbindung dazu benutzt, ein Telefongespräch mit sittenwidrigem Inhalt zu führen.[215]

Die Sache ist also vom Glück begünstigt ausgegangen. Dem bodennahen Rechtswesen und seinen Zeloten ist es dank höchstrichterlicher Hochherzigkeit nicht gelungen, einen dynamischen Wirtschaftszweig zu zerstören. Es muß gezahlt werden. Gewiß aber wird sich Mücke mit dem Telekommunikations*elefanten* gütlich einigen können. Mit zwanzig bis dreißig Prozent der Summe und einem Hinweis auf die Pfändungsfreigrenzen und Nachweis von Herrn Mückes Einkünften, wird man die Sache aus der Welt schaffen können - und dann ist alles wieder gut...

---

[213] BGH MMR 2002, S. 91ff. („Telefonsex") mit Anmerkungen von Ulf Müller.
[214] Gesetz zur Regelung der Rechtsverhältnisse der Prostituierten (Prostitutionsgesetz - ProstG), BGBl. I 2001, S. 3983.
[215] BGH MMR 2002, S. 91ff. (92).

Nicht nur Telefonsex kostet viel. Auch die Anbieter von Flirt-Lines berechnen geharnischte Minutentarife. Wenn man dort eine Viertelstunde flirtet, hätte man genausogut einen wundervollen Abend in einem guten Restaurant verbringen können. Flirtbesessene haben schon Beträge vertelefoniert, mit denen man eine Kreuzfahrt hätte buchen können. Auch kann man über die Flirt-Lines allerhöchstens virtuelle Küsse austauschen. Manchen, die via Flirt-Line für 500.000 Cent Heiratspläne diskutieren, mag das genügen. Im Allgemeinen ist das aber, bedenkt man den Preis, recht kärglich. Besonders, wenn dann auch noch der Gerichtsvollzieher kommt, und zwar nicht nur virtuell, sondern real. Dabei kann man im realen Leben gebührenfrei herumknutschen, bis der Gerichtsvollzieher kommt, allerdings dann im metaphorischen Sinne. Man kann sich nämlich nicht nur in der virtuellen Welt der Datenautobahnen und -landstraßen kennenlernen. Seit vielen Jahrtausenden funktioniert die unmittelbare Kommunikation zwischen Menschen einigermaßen gut. Und auch die Liebe, der bis vor kurzem die virtuellen Varianten vollkommen unbekannt waren, hat die Jahrtausende in der ihr eigenen, unberechenbaren Art überdauert, wovon die Weltliteratur ein beredtes Zeugnis ablegt.

C. Schlußwort

Wer die Fälle dieses Buches durchgearbeitet hat, wird mir wahrscheinlich zustimmen, daß Verbraucherrechtsberatung oftmals zugleich Sozialarbeit ist.[216] Dem Verbraucherberater ist nichts fremd; manchmal - an düsteren Tagen - zweifelt er an der Sinnhaftigkeit seines Tuns, wenn nämlich die Menschen wieder scharenweise oder einzeln zum x-ten Male auf einen dummen Trick hereingefallen sind. Da mag er manchmal denken, die meisten Menschen läsen ausschließlich *Das Neue Blatt*. Diese Gazette ist voller Geschichten über die Tragiken des Lebens, wie sie Prominente erleben. Die Menschen lesen *Das Neue Blatt*, damit sie verifizieren können, daß es den Reichen und Schönen ebenso miserabel ergeht, wie ihnen selbst, was natürlich nicht stimmt, aber ein hübscher, revolutionsverhütender Mythos ist. *Das Neue Blatt* wird hauptsächlich von Leuten gelesen, die nicht offiziell betreut werden, sondern sich sozial so unauffällig durch das Leben schummeln, daß die ungenügende Geisteskraft in ihrer Gewichtigkeit meist nicht auffällt. Manchmal manifestiert sich die versteckte Debilität auf Kaffeefahrten, wo diese Menschen für 3.000,- Euro Töpfe oder magnetische Betten kaufen. An der Haustür unterschreiben sie alles, was man ihnen vorlegt. Sie sind es auch, die glauben, daß man in Heimarbeit 2.000,- Euro netto verdienen kann, indem man Kugelschreiber zusammenbaut oder seinen Samen spendet, oder daß einem der drollige schwarze Mann aus Nigeria tatsächlich etliche Millionen Dollar *Schwarzgeld* zur vorläufigen Verwahrung nebst einem kleinen Dankeschön überweisen werde, wenn man die Verwaltungsgebühren dafür übernimmt „Schön dumm, der dusselige Neger", denken sie sich, „den nehmen wir aus".[217] Diese Menschen können sich auch ganz kindisch über „Reisegewinne" freuen, die andere nach nullkommafünf Sekunden dem Altpapier anvertrauen. Das allerdings tun diese Erdbewohner lieber mit Mahn- und Vollstreckungsbescheiden. *Time-*

---

[216] Vgl. den älteren, aber keineswegs veralteten Aufsatz: *Amtrup, Willers*: Verbraucherrechtsberatung, in: Rechtsberatung als Lebenshilfe, hrsg. v. *Theo Rasehorn*, Neuwied und Darmstadt: Luchterhand 1979, S. 157ff.

[217] Diese Form der Bauernfängerei ist ein Angriff der sogenannten *Nigeria-Connection*. Interessant ist, daß die Gier sehr viele Menschen dazu verleitet, sich bereit zu erklären, gegen alle Gesetze das angekündigte Schwarzgeld auf dem eigenen Konto zu bunkern. Unter kriminologischen Gesichtspunkten ist das ein aufschlußreiches Beispiel dafür, daß die Generalprävention als verhaltenssteuernde Maßnahme gerade im Bereich der Wirtschaftskriminalität versagt. Außerdem findet sich hier die Theorie der modernen Kriminologie bestätigt, daß viele Opfer eines Betruges selbst Betrüger - oder zum Betrug bereit sind. Zudem ist hier anschaulich vorgeführt: fast jeder Mensch scheint bereit zu sein, sich kriminell zu verhalten, wenn er glauben kann, kein oder nur ein geringes, aber kalkulierbares Risiko eingehen zu müssen.

Sharing können sie so wenig korrekt aussprechen wie *Mallorca*. Trotzdem fahren sie hin und erwerben Teilzeitwohnrechte für den Preis des Gesamturlaubs ihres Restlebens. Ähnliche Unsummen bezahlen sie für die vielen Versicherungen, die sich eigentlich genauso wenig leisten können wie die Ratenzahlungen für das Automobil. Aber das wissen sie nicht. Sie wollen es auch gar nicht wissen. Sie wollen nur wissen, was im *Neuen Blatt* steht.

Da möchte man mit dem Dichterjuristen Herbert Rosendorfer seufzen:

> Ein Richter erlebt viel. [...] Die Menschenkenntnis des Juristen ist zwangsläufig negativ, denn er sieht ja nur Leute, die in verzweifelten und ausweglosen Situationen sind, denen man etwas wegnehmen oder etwas, was ihrer Meinung nach Ihnen gehört, nicht geben will, die man einsperrt oder denen man sonst etwas antut. Da entlarven die Seelen schamlos ihre Abgründe. Was ein Hautarzt dagegen an Unappetitlichkeiten sieht, ist nicht der Rede wert. Im Lauf seines Lebens kommt der Jurist, namentlich, wenn er Richter oder Anwalt ist, zu der Auffassung: die Leute sind alle und immer so, sie zeigen es sonst nur nicht.[218]

Oder mit dem promovierten Juristen klagen, den Max Brod (gleichfalls promovierter Jurist) zetern ließ:

> Ich kam zu Gericht, als Rechtspraktikant. Und dort war es, dort hat mich die Gemeinheit der Menschen verblüfft. Verblüfft, ich weiß kein anderes Wort. Monatelang befand ich mich in einer Art von Erstarrung. Ist es denn wahr, sagte ich mir, *lebt das alles?* Und dann kam mein Entschluß: Einer Welt, die so elendiglich existiert, tut man die größte Wohltat, indem man sie zerstört.[219]

Mag sie manchmal bizarr und kurios oder sogar defätistisch für die Seele sein. Eines ist die Praxis nicht: trist. Das behaupten nur Juristen, die *selbst* ennuyant sind. Und das behaupten *diejenigen* Nichtjuristen, die nicht wissen, was die Juristerei ist, weil sie sich niemals mit dem Recht beschäftigt haben. Die „trockene Juristerei" ist schlechterdings ein Vorurteil.

Wer die Kapitel dieses Buches durchgelesen hat, mag auch meinem Dekalog mit Thesen zum Verbraucherschutz und Verbraucherrecht, mit denen ich mein Buch schließen möchte, vielleicht ganz oder teilweise zustimmen.

---

[218] *Rosendorfer, Herbert*: Ballmanns Leiden oder Lehrbuch für Konkursrecht, München: dtv 1992, S. 25. Die Bücher dieses Dichterjuristen sind unbedingt empfehlenswert.

[219] *Brod, Max*: Die Retterin. Schauspiel in vier Akten, Leipzig: Wolff 1914, S. 82. Hervorhebung von mir.

1. Der Konsum ist eine soziologische Konstante. Für den modernen Menschen ist er existentiell und ein universales Phänomen.

2. Konsum birgt in der modernen Warenwelt zahlreiche Gefahren und Risiken. Dabei ist der Konsument der wirtschaftlichen und juristischen Machtausübung (etwa: Geschäftsbedingungen) der Anbieter unterworfen.

3. Die Figur des autonomen Wirtschaftsbürgers, des *homo oeconomicus*, der aufgrund seiner Konsumentensouveränität stets fähig ist, zu seinem Nutzen und Vorteil zu handeln, ist eine Fiktion. Sie für Realität zu halten, ist der gegenwärtigen Markteuphorie geschuldet.

4. Als Konsument findet sich der Wirtschaftsbürger weitgehend in einer schwachen Rolle. Er muß sich vor Schaden und Schädigung, vor Risiko und Gefahren schützen, ohne selbst die nötige Kompetenz dafür zu besitzen. So benötigt er fachliche Beratung und Hilfe; in mancher Hinsicht auch Fürsorge, die nur von den Marktparteien unabhängige Institutionen leisten können.

5. Gegen die Tendenz, den Verbrauchern mehr und mehr Schutz zu entziehen, ihnen Rechte zu nehmen und diese Entwicklung als Folge der Globalisierung und Liberalisierung der Märkte (etwa Strom und Telekommunikation) oder der neuen Marktchancen, beispielsweise des Internet (e-commerce), auszugeben, muß die Gegenstrategie einer Intensivierung des institutionalisierten Verbraucherschutzes gesetzt werden.

6. Die Abwehr von Gefahren und die Minderung von Risiken, die von Verbrauchsgütern beziehungsweise Dienstleistungen ausgehen, verlangt immer mehr einen *präventiven* Konsumentenschutz.

7. Verbraucherschutz ist keine beliebige Dienstleistung. Verbraucherschutz muß auch Verbraucherfürsorge sein. Der Staat hat gegenüber seinen Bürgern, so sie nicht in der Lage sind, sich selbst zu helfen, für Hilfe, Schutz und Fürsorge zu sorgen. Es gilt einen Ausgleich für den immer undurchschaubareren Waren-, Kapital- und Dienstleistungsverkehr, die Ausweitung und Dynamisierung der Warenwelt und den letztendlich florierenden Absatzmarkt zu schaffen. Die Finanzierung des Verbraucherschutzes aus Steuermitteln ist mit dieser Ausgleichsfunktion gerechtfertigt.

8. Das Verfassungsgebot der sozialen Marktwirtschaft und das Postulat der Sozialstaatlichkeit fordern, Tätigkeitsfelder wie beispielsweise den Patientenschutz auszubauen. Da Patienten und Pflegebedürftige als Konsumenten und medizinisch oder psychosoziale Dienstleistungen als *Waren* aufgefaßt werden, sind eine Erweiterung des Verbraucherschutzes und eine Einführung von Qualitäts- und Nutzerkontrolle (etwa für Alten- und Pflegeheime, Kliniken und andere therapeutische Einrichtungen) das Gebot der Stunde.

9. Das Leben am Existenzminimum ist nicht lebenswert beziehungsweise menschenunwürdig. Der Staat muß deshalb, will er seinem Anspruch der Sozialstaatlichkeit gerecht werden, dafür Sorge tragen, daß seine Bürger, die in die Schuldenfalle getappt sind, eine neue Chance erhalten. Dafür muß nicht nur ein Entschuldungsverfahren bereitgestellt werden, das ohne untragbaren Kostenaufwand und unüberwindbare bürokratische Hürden für überschuldete Haushalte innerhalb angemessener Frist einen wirtschaftlichen Neuanfang ermöglicht. Ist es schon fraglich, ob das Verbraucherinsolvenzverfahren diesem Anspruch gerecht wird, so fehlt es darüber hinaus allenthalben an gemeinnütziger Beratung und Hilfe für überschuldete Bürger.

10. Gerade in einer Zeit der entfesselten und globalisierten Ökonomie und Informationstechnologie ist daran zu erinnern, daß Verbraucherschutzrechte ein Fundament der Rechtsordnung sind. Zum Zwecke von Anschaulichkeit, Exaktheit und Wegweisung brauchen wir einen ausformulierten und europaweit geltenden Katalog der Aufgaben des Verbraucherschutzes, der nicht situativ reduzierbar ist.

* * *